SPICKZETTEL FÜR LEHRER

CARL-AUER

Matthias Lauterbach/Christian Dressel

Gesund in der Schule

2015

Reihe »Spickzettel für Lehrer«
hrsg. von Christa Hubrig und Peter Herrmann
Reihengestaltung: Uwe Göbel und Jan Riemer
Satz: Heinrich Eiermann
Printed in Germany
Druck und Bindung: Kösel, Krugzell

Erste Auflage, 2015
ISBN 978-3-8497-0059-1

Bibliografische Information Der Deutschen Nationalbibliothek:
Die Deutsche Nationalbibliothek verzeichnet diese Publikation
in der Deutschen Nationalbibliografie; detaillierte bibliografische
Daten sind im Internet über http://dnb.d-nb.de abrufbar.

Informationen zu unserem gesamten Programm, unseren Autoren
und zum Verlag finden Sie unter: www.carl-auer.de.

Wenn Sie Interesse an unseren monatlichen Nachrichten
aus der Vangerowstraße haben, können sie unter
http://www.carl-auer.de/newsletter den Newsletter abonnieren.

Carl-Auer Verlag GmbH
Vangerowstraße 14
69115 Heidelberg
Tel. 06221-64380
Fax 06221-643822
info@carl-auer.de

CARL-AUER

Spickzettel für Lehrer – systemisch Schule machen

»Hast du einen Spickzettel?« Diese Frage kennen wir noch aus der Schulzeit, aus der Schülerperspektive, wenn es darum ging, sich auf Prüfungen und Klassenarbeiten vorzubereiten. Wechseln wir die Rolle und Perspektive und stellen uns auf die andere Seite des Klassenzimmers, auf der die »Wissenden«, d. h. die Lehrer, stehen. Schnell wird deutlich: Bei aller Erfahrung gibt es doch erhebliche »Wissenslücken« im Umgang mit schwierigen Situationen, ob sie nun das Lernen selbst, die Schule als Organisation oder die Beziehungen und das Verhalten der Beteiligten betreffen.

Systemisch orientierte Pädagogen können sich hier ruhig und entspannt zurücklehnen, wohl wissend, dass sie selbst »Fragende« sind – Fragende bezüglich passender

Antworten auf die sich stets wandelnden und neu entstehenden Konfliktfelder in der Organisation Schule, zwischen Schülern und Lehrern, zwischen Schule und Eltern und auch mit dem politischen Umfeld von Schule.

Aus systemischer Sicht sind Schwierigkeiten immer mit Lernchancen verbunden. Wo der Blick vom Problem auf die Lösung wechselt, wo man statt hinderlicher Defizite hilfreiche Ressourcen ins Auge fasst, kommt auch die Haltung in Bewegung. Ein gut platzierter Unterschied zieht dann oft viele positive Änderungen nach sich.

Die Bücher dieser Reihe wollen Einladungen sein, sich auf diese andere Sichtweise einzulassen. Sie sollen Lehrern, Erziehern und Schulleitern Methoden und Strategien zum täglichen Handeln anbieten, die Ihnen die Arbeit – und im besten Fall: das Leben – leichter machen. Sie sind auch Rezepte, die man ausprobieren und mit eigenen Zutaten verfeinern kann.

Wir wünschen Ihnen viel Spaß beim Lesen, Erfahren und Ausprobieren!

Christa Hubrig & Peter Herrmann
Institut für systemische Lösungen in der Schule (ISIS)
www.isis-institut-koeln.de

Inhalt

Einleitung

In diesem *Spickzettel für Lehrer* geht es um Gesundheit im Kontext von Schule. Gesundheit ist eine der Voraussetzungen und Rahmenbedingungen für Lernen und Bildung, deswegen ist die Förderung gesunder Entwicklungen in der Schule eine Voraussetzung dafür, dass Schulen ihrem Auftrag gerecht werden können. Gesundheitsförderung ist deshalb nicht Selbstzweck, sondern sie sichert die Grundlage der pädagogischen Aufgaben.

Gesundheit ist ein verbindender Aspekt für alle Aktivitäten im Zusammenhang mit Schule. Im Mittelpunkt stehen natürlich die Menschen: die Lehrer, die Eltern und die Schüler. Klar ist, dass gute Schulen gesunde Lehrer brauchen, um ihren Auftrag zu erfüllen. Nur gesunde Lehrer werden sich eine tragfähige Leistungsbereitschaft, Leistungsfähigkeit und Beziehungsoffenheit über viele Jahrzehnte erhalten. Gute Schulen brauchen dafür auch eine kompetente, gut qualifizierte Führung, die gesundheitsorientierte Aspekte in die Führungsarbeit einbringt.

Das kommunikative Wechselspiel zwischen Lehrern, Schülern und Eltern ist die entscheidende Besonderheit von Schule. Sie birgt viele Chancen und viele Risiken bei der Gestaltung einer gesunden Schule. Der Beruf des Lehrens findet über Beziehung und Kommunikation statt. So wie Sie nicht nicht kommunizieren können, können Sie auch nicht nicht lehren – alles, was Sie als Lehrer tun und wie Sie es tun, ist ein Modell für Ihre Schüler und deren Eltern. Dieser Zusammenhang ist oft nicht so bewusst, braucht aber Ihre volle Aufmerksamkeit, wenn es um eine gesündere Gestaltung von Schule geht. Transparenz, Partizipation, Wertschätzung sind dabei ebenso wichtige Teile für ein gesundes Erleben des schulischen Miteinanders wie Gesundheitsaktivitäten im engeren Sinne.

Ohne Frage ist Schule auch der Ort für Leistung. Schulische Leistung braucht Lernen und Kreativität, braucht Herausforderungen, klare Rahmensetzungen und gelegentlich auch Druck. Die Kunst besteht darin, einen solchen Rahmen gesundheitsförderlich zu schaffen.

Die Gesundheit des Einzelnen steht in enger Wechselwirkung mit den Rahmenbedingungen der Schule (Politik, Gesellschaft, Behörden, Gebäude etc.). Gleichzeitig bleibt es die Verantwortung jedes Einzelnen, seine Spielräume der Gesunderhaltung zu nutzen. Die eigene Gesunderhaltung ist nicht delegierbar. Die Art und Weise, wie sich Lehrer gesund erhalten, hat allerdings einen besonderen Einfluss auf die gesunde Schule: Sie zeigt die persönliche Sensibilisierung für das Thema und wirkt als direktes Vorbildverhalten.

Der thematische Bogen reicht also von der Führungsarbeit, der Kommunikations-, Kooperations- und Konfliktlösungsqualität und der Gestaltung von Veränderungsprozessen über die Abstimmungen zwischen Lehrern, Eltern und Schülern bis zur Umsetzung der pädagogischen Aufträge, zur Unterrichtsgestaltung sowie zu den individuellen Gesundheitsaktivitäten aller Beteiligten und dem Schutz vor Beeinträchtigungen körperlicher und seelischer Gesundheit (vgl. *Handbuch Lehrergesundheit* – DAK 2012). In diesem *Spickzettel* haben wir solche Zugänge für Sie ausgewählt, die Ihnen Impulse und »Lernhilfen« geben, die gut umzusetzen sind und die deutliche Effekte für eine gesunde Schule versprechen.

Wichtig ist uns, dass Sie all unsere Ausführungen als mögliche Zugänge zur gesunden Schule verstehen – Sie wählen aus, was zu Ihnen und Ihrer Schule passt. Wir stellen Ihnen dazu die Hintergründe der Zugänge komprimiert dar und laden Sie zu individuellen und gemeinsamen Übungen, Reflexionen und zu Arbeitssitzungen mit Ihrem Kollegium ein.

Die gesunde Schule hat ihren Ausgangspunkt bei der eigenen Gesunderhaltung der Lehrer, dafür geben wir Ihnen im ersten Teil Anregungen. Kleine Übungen werden nützlich sein, um die gute Grundlage für Ihre Gesunderhaltung zu festigen.

Im zweiten Teil schauen wir auf ausgewählte kommunikative und organisationale Aspekte einer gesunden Schule. Wir nutzen dafür das von Ilmarinen (2002) entwickelte »Haus der Arbeitsfähigkeit«, weil es die wesentlichen Perspektiven ordnet und zusammenführt.

Für den Weg zu einer gesünderen Schule wollen wir mit Ihnen jedoch zunächst ein Verständnis von Gesundheit teilen, das die Grundlage unserer Arbeit geworden ist.

Vorab eine grundlegende Bemerkung: Es gibt in allen Berufsfeldern Eigendynamiken, die eine bestimmte Kultur der Kommunikation prägen. Die Komplexität der Rahmenbedingungen für die Arbeit in der Schule lädt dazu ein, sich als Opfer bestimmter äußerer Setzungen und Umstände zu erleben (Schulpolitik, gesellschaftliche

Trends, behördliche Entscheidungen, nicht angemessen erziehende Eltern, Kinder und Jugendliche mit herausforderndem Motivationsverhalten ...). Dann kann es entlastend wirken, sich in Gesprächen im Kollegium darüber zu beklagen. Das ist verständlich. Nur: Es etabliert sich auf diesem Weg eine »Jammerkultur«, die viele gesundheitlich bedenkliche Folgen und damit einen hohen Preis hat. Es entsteht eine nachhaltig schlechte Stimmung, die Ihr Gemüt schädigt. Sie nehmen immer weniger Handlungsoptionen wahr, erleben Sinnlosigkeit, Ohnmacht, Hilflosigkeit, Erschöpfung und leben so auf einem hohen Stressniveau – eine gesundheitlich brisante Mischung.

Auch wenn dies merkwürdig erscheint: Wir gehen hier nur von Ihren Handlungsmöglichkeiten aus, wir machen Sie konsequent zu »Tätern« Ihrer Situation und lassen Sie diese Perspektiven erkunden. Wir laden Sie zu dieser Haltung ein, weil wir wissen, dass sie gesünder ist, dass sie zu mehr Lebensfreude führt und dass Sie so Zugang zu Ihrer Selbstwirksamkeit haben und damit auch zu Ihrer Berufung und Ihrer Lebensaufgabe. Das ist Gesundheit! Manchmal wird dabei aber auch deutlich, dass Sie persönlich einen zu hohen Preis zahlen, wenn Sie im

Arbeitsfeld Schule bleiben. Aus dieser Haltung der Selbst-ver-antwort-ung können Sie wieder Antworten geben – in welche Richtung auch immer. Denken Sie immer daran: Menschen leiden (von Extremsituationen abgesehen) nicht an den Verhältnissen, sondern an den Beziehungen, die sie zu den Verhältnissen haben. Und an diesen Beziehungen können Sie etwas ändern.

»Fasst man die Ergebnisse der Studien und Befragungen zur Lehrergesundheit und auch zur Schülergesundheit zusammen, dann ist zu vermuten, dass in vielen Schulen Lehrer/innen und Schüler/innen eher eine hoch geforderte, wenn nicht überforderte Stressgemeinschaft als eine fördernde Lehr- und Lerngemeinschaft bilden, mit dem Ergebnis von Leistungsüberforderung, Überlastung sowie psychosozialem Stress und Burn-out« (Hundeloh 2012, S. 38). Das gilt es zu verändern, weil in einer Stressgemeinschaft Lernen nicht funktioniert – sagen die Hirnforscher sehr eindeutig. Unter Angst und Druck funktionieren die einfachen Schemata von Kampf oder Flucht, aber nicht das wichtige Vernetzen von Erfahrung, Wissen und Anwendung sowie das Entstehen von Neuem. Die für Veränderung, Lernen und Kreativität erforderlichen Gehirnteile sind dann »ausgeschaltet« (Spitzer 2007, S. 161 ff.). »Wer lernt, ändert sich. Wenn wir wirklich Neues lernen wollen, bleiben wir nicht genau dieselben, nur eben mit etwas mehr gelerntem Material im Kopf, sondern wir verändern uns. Das Aufnehmen von Neuem bedeutet immer auch Veränderung in dem, der aufnimmt« (ebd., S. 11). Das gilt für alle Beteiligten.

Im Flugzeug werden Sie vor jedem Flug darauf hingewiesen, dass Sie im Falle von Druckverlust die herausfallenden Sauerstoffmasken zunächst auf *Ihr* Gesicht ziehen und erst dann anderen helfen sollen. Auch deswegen beginnen wir mit Ihnen.

Teil 1
Persönliche Gesundheit

1 Gesundheit – was ist das?

Gesundheit ist kein Zustand, sondern ein Prozess, der lebenslang gestaltet wird. Gesundheit ist gleichzeitig das Ergebnis dieses Prozesses. Bewegung, Ernährung, Entspannung/Erholung, Schlaf und Stressbewältigung benötigen dabei auf der Handlungsebene eine stimmige Form der Integration in die eigene Lebenspraxis. Dazu gehört ein angemessener Umgang mit den eigenen Ressourcen und mit den eigenen Grenzen. Werte, Haltungen, erlebte Sinnhaftigkeit, Achtsamkeit, Entscheidungen und Willensbildung sind die »hinter« der Handlungsebene wirkenden Kräfte. Sowohl auf der Handlungsebene als auch auf der Ebene der dahinter wirkenden Kräfte gibt es kaum allgemeine, für alle gültige Regeln, Vorschriften und Wege. Deswegen sind Diäten, Bewegungsregeln und Schlafvorgaben bestenfalls hilfreiche Informationen, aber keine Handlungsanweisungen. Jeder erspürt und entscheidet, was für seine Lebenspraxis gesünder und was weniger gesund ist. Dabei gibt es große individuelle Unterschiede, die durch populäre Anleitungen, wie es »richtig« sei, nicht abgebildet werden können. Entscheidend ist also Ihr persönliches Erkunden, was für Sie persönlich gesünder ist – ohne dass Sie dabei wissen müssen, was »wirklich« gesund ist. Das ist gleichermaßen erleichternd und anspruchsvoll (Hartmann 1993).

Eine gesunde Lebenspraxis ist nicht nur abhängig von körperlicher Gesundheit, also von der Abwesenheit von Krankheit, dem »Schweigen der Organe«. Das Erleben von Gesundheit folgt vielmehr dem Erleben von Stimmigkeit, dem Empfinden, mit sich »im Reinen« zu sein, sodass man sagen kann: »Mein Leben – dazu gehört auch meine Krankheit und mein Sterben« (Hartmann 1993, S. 39). Die Dichotomie Krankheit versus Gesundheit ist damit aufgehoben, Krankheit ist Teil der Gesundheit, ist in die Gesundheit eingeschlossen (inkludiert). Auch Menschen mit Einschränkungen, mit chronischen oder akuten Erkrankungen, sogar sterbende Menschen sind also gesund? Ja, es ist sinnvoll, Gesundheit so zu definieren, weil wir als Menschen erst so vollständig sind.

Gesundheit hat also mit Ganzheit, mit Vollständigkeit zu tun hat. Im Englischen sind heal, hale, whole und holy miteinander verwandt. Diese »Ganzida« (mhd. für Gesundheit) verträgt nicht die übliche Aufteilung in körperliche und geistig-seelische Gesundheit oder gar die Aufspaltung des Menschen in seine einzelnen Organe, nicht einmal die Aufteilung in gesund und krank. Gesundheit ist der Prozess und das Ergebnis der körperlich-seelisch-sozial-spirituellen Lebensgestaltung, ineinander verwoben, sich gegenseitig durchklingend (integral) – mit allem, was gerade ist.

Dazu die folgende kleine Meditation:

Nehmen Sie sich ca. 15 Minuten Zeit, in der Sie ungestört sind.

Legen Sie sich Stifte zum Schreiben, Buntstifte und Papier bereit.

Ein Zeitgeber erleichtert Ihnen die Meditation, damit Sie nicht zwischendurch an die Zeit denken müssen.

Sie brauchen eine Sitzmöglichkeit, auf der Sie bequem sitzen. Sie können sich auf einen Stuhl setzen oder Sie benutzen ein Kissen für einen knienden Sitz oder Schneidersitz.

Ihre Hände ruhen im Schoß oder auf den Oberschenkeln, Handflächen zeigen nach oben oder nach unten.

Setzen Sie sich aufrecht hin, sodass Sie in sich ruhen – nicht müde zusammengesunken und nicht verspannt aufgerichtet.

Die Augen können Sie schließen oder leicht geöffnet halten, ohne etwas zu fixieren.

Die Füße stellen Sie parallel auf den Boden, spüren die Fußsohlen, spüren die Sitzhöcker, richten die Wirbelsäule auf, lösen die Schultern, richten den Kopf locker auf.

Sie »scannen« Ihren Körper durch, nehmen alles wahr – von Wärme über Verspannungen bis zu Schmerzen, Sie nehmen nur wahr, ohne zu erklären oder zu bewerten.

Die Aufmerksamkeit richtet sich dann auf Ihre Atmung, ohne dass Sie die Atmung beeinflussen. Sie spüren die Luft durch die Nasenlöcher oder den Mund ein- und ausströmen, spüren, wie sich Brust und Bauch bewegen. Ihre Aufmerksamkeit bleibt bei der Atmung, nur bei dem einen Atemzug in dem gegenwärtigen Augenblick.

Kommen Sie zur Ruhe, lassen Sie es still werden in sich – so gut es geht. Immer lenken Sie Ihre bewusste Aufmerksamkeit auf die Atmung.

Sie werden merken, dass Ihre Gedanken Sie wieder wegtragen, Sie sich teilweise in ihnen verlieren. Sie kehren dann wieder zurück zu dem Atemzug in dem gegenwärtigen Augenblick. Lassen Sie sich nicht entmutigen, es ist die Übung, die das Wesentliche ist.

Lassen Sie dann die folgende Frage in sich kreisen:

»Was liegt im Herzen meiner Gesundheit?«

Nach 15 Minuten atmen Sie kräftig ein und aus, reiben Ihre Hände und das Gesicht, klopfen Arme und Beine von oben nach unten auf der Außenseite und wieder zurück auf der Innenseite. Schreiben Sie dann alles auf, was Ihnen in den Sinn gekommen ist, bewerten Sie nichts, lassen Sie nichts weg. Was nicht in Worte fließen will, zeichnen Sie, nutzen Farben. Sie haben so eine wertvolle Materialsammlung für weitere Schritte.
Wiederholen Sie die kleine Meditation so oft Sie mögen.

Sie haben hier die Einleitung einer Achtsamkeitsmeditation kennengelernt. Die Übung mit der etwas merkwürdigen Frage bringt Sie weg von den bisherigen Suchprozessen nach dem, was Sie für Ihre Gesundheit tun »müssen«: weniger essen, sich mehr bewegen – was jeder weiß und doch nicht tut. Stattdessen geht es um das Wecken von Bedürfnissen und um das Erkennen von Anreizen für Ihre Gesunderhaltung, um das Bewusstwerden von dem, worum es bei Ihrer persönlichen Gesundheit wirklich geht.

Übung

Finden Sie wieder einen Raum, in dem Sie etwa 15 Minuten ungestört sein können. Bereiten Sie sich wie bei der vorigen Frage vor – die gleiche innere Einstimmung.

Lassen Sie die folgende Frage in sich kreisen:
»Wozu will ich gesund sein?«

Kommen Sie nach diesem meditativen Nachspüren wieder »zurück« wie oben beschrieben. Schreiben und zeichnen Sie.

Versuchen Sie dann, drei Argumente zu konkretisieren, die sich für Sie tragfähig genug anfühlen, um das Empfinden zu erzeugen: »Ja, dafür lohnt es sich wirklich, darin liegt ein tieferer Sinn.«

Gegebenenfalls wiederholen Sie diese kleine Übung.

Die Erfahrung zeigt, dass wir nur das dauerhaft tun, was uns sinnvoll erscheint. Für den Erhalt von Gesundheit ergibt sich u. U. die Not-Wendigkeit, wichtige Gestaltungselemente durchzuhalten (z. B. Bewegung), also Disziplin aufzubringen. Sie müssen sich z. B. durchsetzen gegen die Tendenz, die in den evolutionsbiologisch sehr alten Gehirnteilen verankert ist, nämlich unseren energiesparenden Impulsen zu folgen, uns zu »schonen« – denn wer weiß, wann wieder Nahrung um die Ecke biegt. Sie kennen diesen Teil als »inneren Schweinehund«. Im evolutionsbiologisch jungen präfrontalen Kortex brauchen die übergeordneten, rationalen Aspekte – die Zukunftsplanungen – deshalb eine wirklich gute Verankerung, um veränderte Gewohnheiten, wie z. B. regelmäßige Ausdauerbewegung, in Gang zu bringen. Die beste Verankerung bieten tragfähige Antworten auf die Frage nach dem Sinn. Wenn die Bewegungsart dann noch Spaß macht, die veränderte Ernährung schmackhaft ist, die Entspannungsmethode zu innerem Frieden und Ausgeglichenheit führt, die neuen Gewohnheiten also durch emotionale Belohnungen verstärkt werden, ist ein entscheidender Schritt für eine nachhaltig gesunde Lebenspraxis getan. Dann hat Ihr Schweinehund zukünftig die wichtige Aufgabe, Sie vor zu viel oder unpassender Bewegung oder einem zu strengem Umgang mit sich selbst zu warnen.

2 Wie entsteht Gesundheit?

Ein Experiment zur Einstimmung:

Halten Sie kurz inne und fragen sich: Wie viel Prozent Ihrer Fähigkeiten, Möglichkeiten, Ihrer Lebensenergie und -freude spüren Sie und wie viel Prozent bringen Sie in die Welt?

(Seien Sie ehrlich zu sich.)

Wenn es weniger als 100 % sind:

Angenommen, Sie wüssten es – was wären 100 %?

Was wären die Konsequenzen, wenn Sie Ihre 100 % in die Welt bringen würden?

2.1 Salutogenese

Aaron Antonovsky begann in den 1970er Jahren, die Frage der Entstehung und des Erhalts von Gesundheit zu erkunden. Den daraus resultierenden Ansatz nannte er Salutogenese und verstand ihn als Komplementärkonzept zur Pathogenese (der Entstehung von Krankheit). Ihm war aufgefallen, dass es Menschen gab, die trotz extremster Erfahrungen (z. B. in Konzentrationslagern) später als körperlich und psychisch gesund beurteilt werden konnten. Was unterschied diese Gruppe von Menschen von der Mehrzahl, die unter den erwartbaren Folgeerkrankungen litt?

Antonovsky (1997) fand in seinen Untersuchungen heraus, dass Menschen, die ihr Leben als stimmig, als passend und in sich zusammenhängend (kohärent) wahrnehmen konnten, eher Möglichkeiten fanden, Ressourcen zur Gesunderhaltung einzusetzen.

Diese Stimmigkeit ist (faktorenanalytisch) verbunden damit,

- dass Sie Ihr Leben verstehen und durchschauen, dass es eine gewisse Vorhersagbarkeit gibt,
- dass Sie Ressourcen wahrnehmen (bei sich selbst oder durch Hilfe von außen), die Ihnen die Bewältigung der Herausforderungen des Lebens absehbar machen (Machbarkeit),
- dass Sie empfinden können, wie sinnvoll und lohnend es ist, die jeweiligen Herausforderungen des Lebens zu bewältigen.

Stimmigkeit kann in allen Dimensionen des Daseins erlebt werden:

- physische/physikalische Stimmigkeit (Licht, Temperatur, Sonne etc.),
- körperliche/vegetative Stimmigkeit

(Ernährung, Bewegung, Schlaf, Entspannung etc.),
- soziale Stimmigkeit
  (Partnerschaft, Freunde, Arbeit etc.),
- kulturelle Stimmigkeit (Werte, Politik, Kunst etc.),
- globale Stimmigkeit (Biosphäre, Weltfrieden etc.),
- universelle/spirituelle Stimmigkeit (Glauben, Göttliches etc.) (vgl. dazu Petzold 2010, S. 40 ff.).

Fragen zum Innehalten

Welche Dimensionen der Stimmigkeit sind für mich persönlich derzeit von besonderer Bedeutung? Wobei fühle ich mich besonders stimmig und »rund«?

Mit welchen Situationen, mit welchen Menschen ist das Erleben von Stimmigkeit besonders verbunden? Wie spüre ich das, wie zeigt sich das?

Welche Dimensionen meines Erlebens von Stimmigkeit sind für die Arbeit in der Schule derzeit von besonderer Bedeutung?

In welchen Gesprächen (privat und schulisch) kann ich derzeit am ehesten ein Erleben von Stimmigkeit aufbauen? Wie reagiere ich innerlich, körperlich, emotional darauf?

Soziale Stimmigkeit ist ein dialogischer Prozess: Eine stimmige, d. h. salutogen wirkende Schule entsteht durch Beziehungen und durch Kommunikation. Dies ist ein hilfreicher, einfacher und zentraler Zugang zu gesunden Lebensprozessen und zu gesunden Organisationen. Wir schließen deshalb hier gleich eine Übung an, bei der Sie die eben gestellten Fragen für einen bilateralen Austausch nutzen. Es ist ein Gespräch, das Sie als »Prototyp« für einen Dialog über Stimmigkeit verstehen können.

Übung

Nehmen Sie sich mit einem Gesprächspartner 30 bis 40 Minuten Zeit, in der Sie ungestört sind.

Gönnen Sie sich zunächst beide einige Minuten der Stille, bereiten Sie nichts vor, überlegen Sie nichts, lassen Sie geschehen, was geschieht, und lassen Sie es zunächst still werden in Ihnen – so gut es geht. Am ehesten gelingt das wieder durch die Ausrichtung der Aufmerksamkeit auf die Atmung.

Lesen Sie sich die Fragen zum Innehalten (s. o.) gegenseitig laut vor.

Einer beginnt, zu diesen Fragen in einen Fluss des Erzählens zu kommen, der andere hört aufmerksam zu, fragt nach, ohne zu kommentieren oder zu bewerten: Wertschätzung, Achtsamkeit und Neugier sind die Haltungen des Zuhörens.

Nach einer angemessenen Zeit bedanken sich beide beim jeweils anderen und wechseln die Rollen. Sie führen das Gespräch in umgekehrter Richtung.

Gönnen Sie sich abschließend wieder einige Minuten der Stille, spüren Sie nach, was die beiden Gespräche in Ihnen ausgelöst haben, wie sie in Ihnen nachgeklungen haben. Schreiben Sie sich Ihre Erfahrungen anschließend auf.

Solche Dialoge zur Entwicklung von Stimmigkeit sind eine sehr persönliche, Vertrauen schaffende Möglichkeit des salutogenen Zugangs zur individuellen und organisationalen Gesundheit. Wichtig ist die Erfahrung der Stille vor Beginn und am Ende des Gesprächs für die Kunst des Lauschens – nach innen und nach außen.

Es hat sich bewährt, wichtige Gespräche, auch Konferenzen mit einigen Minuten der Stille zu beginnen – dieser kleine Schritt macht einen riesigen Unterschied.

2.2 Resilienz

Resilienz bezeichnet die Fähigkeit von Menschen, Krisen zu bewältigen und aus herausfordernden Situationen gestärkt hervorzugehen. Resilienz ist als aktiver Prozess zu verstehen, als »resilient werden«. Resilienz ist also – wie Gesundheit – Prozess und Ergebnis. Es geht dabei um die Entwicklung der allen Menschen verfügbaren Selbstregulation, der Selbstheilungskräfte, um persönliche Ressourcen und Handlungsmöglichkeiten oder um aktives Zurückgreifen auf Hilfsmöglichkeiten. Diese Kräfte werden in das Zentrum der eigenen Gesunderhaltung gestellt. Die damit verbundene Übernahme von Selbstverantwortung ist oft lebensrettend, gleichzeitig braucht sie den Mut, Schuldzuweisungen einzustellen und damit anklagend-erwartende Positionen zu räumen.

Selbstregulation ist ein Grundprinzip alles Lebendigen, die permanente körperliche und seelische Anpassungsleistung an die sich ständig ändernden Rahmenbedingungen des Lebens (Temperatur, körperliche Anstrengung, Stressoren u. v. a. m.).

Heute werden besonders 4 Merkmale von Resilienz benannt (Esch 2013, S. 75 ff.), die auch für die gesunde Bewältigung der Herausforderung »Schule« wichtig sind:

4 Merkmale der Resilienz:

1) Einfluss, wahrgenommene Handlungsmöglichkeiten
2) Verbindlichkeit, Engagement
3) Herausforderung
4) Verbundenheit

1. Einfluss, wahrgenommene Handlungsmöglichkeiten

Hilfreich ist alles, was Ihnen das Empfinden vermitteln kann, nicht ein ausgeliefertes Opfer zu sein, sondern aktiv das eigene Verhalten zu steuern, Einfluss auf das eigene Leben zu haben (s. Machbarkeit bei Antonovsky 1997). Sie haben direkten Einfluss nur auf Ihr eigenes Erleben und Verhalten und damit indirekt auch auf die Umgebung. Seien Sie also genau mit dem, was Sie über sich und Ihre Möglichkeiten denken und annehmen. Reflektieren Sie regelmäßig über Ihre Handlungsspielräume, schreiben Sie dazu Tagebuch. Entdecken Sie auch kleine Handlungsräume, sie können der erste Schritt zu mehr Einfluss sein.

Tipp

Es ist *Ihr* Leben, das Sie gestalten – oder das Sie aus der Hand geben. Prüfen Sie deshalb ehrlich, ob Sie sich hinter dem scheinbar Unveränderlichen verstecken und ihre Möglichkeiten nicht mehr sehen (wollen). Der Preis wäre hoch. Übernehmen Sie die Verantwort-ung für das, was Ihr Leben prägt, geben Sie Antworten auf Ihr Lebensschicksal.

Übung

Die Überprüfung von Gedanken und von Glaubenssätzen durch 4 Fragen (aus: The Work of Byron Katie, 2002):

Nehmen Sie einen Gedanken, eine Annahme, einen Glaubenssatz, der bei Ihnen viel Stress, Ärger, Unwohlsein auslöst, der Sie keine Handlungsmöglichkeiten mehr erleben lässt (»Ich bekomme diese Klassen nicht in den Griff«, »Die Kollegen grenzen mich aus« ...).

Ziel ist es, Glaubenssätze und (Schein-)Wahrheiten zu »verflüssigen« und dadurch resilienter zu werden.

Überprüfen Sie den Gedanken anhand der folgenden Fragen:

1) Ist das wahr?
   (Ja oder nein. Bei nein: Gehen Sie weiter zu Frage 3.)
2) Können Sie mit absoluter Sicherheit wissen, dass das wahr ist? (Ja oder nein.)
3) Wie reagieren Sie, was passiert, wenn Sie diesen Gedanken glauben?
4) Wer wären Sie ohne den Gedanken?

Die Umkehrungen der Gedanken

Kehren Sie den Gedanken um.

Beispiel: »Paul versteht mich nicht« kann zu »Paul versteht mich« umgekehrt werden.

Eine weitere Umkehrung ist »Ich verstehe Paul nicht«.

Eine dritte Variante wäre »Ich verstehe mich selbst nicht«.

Finden Sie mindestens drei konkrete Beispiele, sodass die Umkehrung für Sie wahr ist.

Jede Umkehrung ist eine Gelegenheit, das Gegenteil der ursprünglichen Beurteilung zu erfahren und Gemeinsamkeiten zu erkennen, die Sie mit der (verurteilten) Situation oder der (beschuldigten) Person teilen.

Eine Aussage kann ins Gegenteil, auf die andere Person und auf Sie selbst umgekehrt werden (manchmal ist auch die Umkehrung zu »mein Denken« möglich: »Ich verstehe mein Denken nicht«, »Ich bekomme mein Denken nicht in den Griff«).

Seien Sie bei den Umkehrungen erfinderisch. Durch diesen Spiegel enthüllen Sie sich vorher ungekannte Seiten von sich selbst und eröffnen sich ungewohnte Lösungen für die Stress auslösende Situation.

Wenn Sie eine passende Umkehrung gefunden haben, gehen Sie in Ihr Inneres und spüren nach, was sie auslöst.

2. Verbindlichkeit, Engagement

Sie arbeiten mit »ganzem Herzen«, mit Hingabe. Sie erleben die Fülle Ihres Berufs, erleben »Flow« (das Gefühl völliger Vertiefung in eine Aufgabe, das teilweise wie ein Rausch erlebt wird). Deswegen geben Sie nicht so schnell auf und sind gegen Rückschläge resistent. Das Risiko ist, die Grenze nicht zu finden und sich zu verausgaben. Wichtig ist deshalb die Balance zwischen Engagement, Dabeisein und Ruhephasen. Höchst riskant sind allerdings »innere Kündigung«, Distanzieren oder Zynismus. Diese Haltungen erhöhen den Stress, führen zu Erschöpfung und verhärten die Seele.

Fragen zum Innehalten

- Wofür konkret lohnt sich Ihr Engagement in der Schule?
- Welche Ihrer Erfahrungen, welche Kinder/Eltern/Kollegen, welche neuen Erkenntnisse, welche noch nicht ausgeloteten Themen, welche didaktischen Methoden etc. sind für Ihr Engagement besonders bedeutsam?

Finden Sie Antworten, die Ihr Herzensanliegen möglichst sicher tragen können, die Ihnen Lust machen, »am Ball« zu bleiben.

Mit welchen konkreten Schritten könnten Sie das mehr in Ihren Schulalltag bringen? Wen brauchen Sie dafür als Kooperationspartner?

Tipp
Gehen Sie jeden Morgen neu in den Tag, es ist ein frischer Abschnitt Ihres Lebens. Wenn Sie schon »wissen«, was kommt, tragen Sie mit dazu bei, dass es kommt (die berühmte sich selbst erfüllende Prophezeiung). Sie dürfen »naiv« sein, in der Meditation nennt man das die Pflege des Anfängergeistes.

3. Herausforderung

Die Resilienzforschung zeigt, dass Menschen, die Veränderungen als Chance begreifen, die sich auf das Neue freuen, statt es als Bedrohung zu werten, bezüglich ihrer Stressbewältigung besser aufgestellt sind. Hintergrund ist oft eine eher optimistische Lebenseinstellung. Leichter wird es, wenn Sie der Herausforderung eine Sinnhaftigkeit zuordnen können (Antonovsky 1997). Uns begegnen Menschen, die deswegen resilienter sind, weil sie dankbar sind für das Leben, das ihnen geschenkt ist und wie es ihnen geschenkt ist, und die ihr Leben auch annehmen zu dem Preis, den es sie kostet. Oft sind dies Menschen, die durch dramatische Schicksale (Unfälle, Krankheiten, Todesfälle) mit anderen Dimensionen des Lebens und der Stimmigkeit konfrontiert wurden.

Tipp

Danken Sie morgens für den Tag, den Sie erleben dürfen. Richten Sie Ihre Aufmerksamkeit auf all das, was diesen Tag lebenswert macht – eine Begegnung, ein Lächeln, eine gelungene Unterrichtsstunde.

»Schicken« Sie Ihre Dankbarkeit in die Welt. Sie werden über die Resonanz erstaunt sein. Schauen Sie nach Herausforderungen, die der Tag Ihnen schenken will.

Was wird der Gewinn sein, wenn Sie diese Herausforderung begrüßen? Oft haben scheinbar sinnlose Herausforderungen noch den Wert, Ihnen besondere Fähigkeiten zu entlocken (»Trainingslager«).

4. Verbundenheit

Resilienz lebt von der Verbundenheit mit den Menschen, mit der Natur, mit dem »Göttlichen« (was immer Sie darunter verstehen). Wir sind immer Teil eines Ganzen – alles, was ist, sind auch wir. Letztlich gibt es in dieser Verbundenheit nur das Eine, im Außen spiegelt sich das Innen und umgekehrt. Wir sind unauflösbar verbunden. Der hemmungslose Egoismus wird häufig als das Grundübel unserer Welt verstanden. Er führt zu Konflikten, Streit, Krieg und zur Ausplünderung des Planeten. Im Kleinen beginnt die Wahrnehmung des Ganzen, in das wir eingebunden sind, das Mitgefühl, die Achtsamkeit als Präsenz und Wahrnehmung im Augenblick. Sie führt zu einer grundlegenden Veränderung unseres Seins in der Welt, zum Vermeiden sinnloser Reibungsverluste durch Kleinkriege und egoistische Machtspiele und stattdessen zu mehr Energie für das Wesentliche und Bedeutsame, zu unseren tieferen Anliegen.

Tipp

Nehmen Sie sich Zeit für das Erspüren Ihrer Verbundenheit mit den Menschen und der Welt. Sie können das mit folgender Übung unterstützen.

Übung

Nehmen Sie sich 20 Minuten Zeit, in der Sie ungestört sind.

Nehmen Sie wieder Ihre aufrechte und doch entspannte Haltung ein.

Gehen Sie mit Ihrer Aufmerksamkeit wie bei den vorherigen Übungen zu Ihrer Atmung, zu dem einen Atemzug in dem gegenwärtigen Augenblick.

Richten Sie die Aufmerksamkeit nun auf ein Kleidungsstück aus Baumwolle, das Sie gerade tragen. Stellen Sie sich genau vor, wie der Weg dieses Kleidungsstücks von dem Keimling auf dem Baumwollfeld, über die Transportwege, die Bearbeitung, die vielen dazu notwendigen Schritte bis in den Laden gekommen ist, wo Sie es erworben haben.

Stellen Sie sich dabei all die vielen Menschen vor, die daran beteiligt waren und mit denen Sie dadurch verbunden sind, dass Sie das Kleidungsstück jetzt tragen (vgl. Metta-Meditation, Salzberg 2006).

Wiederholen Sie diese Meditation. Nutzen Sie dafür andere Ausgangspunkte, z. B. ein Lebensmittel (Brot o. Ä.), das Sie heute gegessen haben.

Oder nehmen Sie etwas aus Ihrem Schulalltag, z. B. das Papier, auf dem Sie gerade eine Klassenarbeit haben schreiben lassen. Lassen Sie wieder den ganzen Prozess von dem Rohstoff über Produktion, Transporte, Verkauf etc. aufscheinen. Nehmen Sie die Schülerinnen und Schüler mit hinein, die Klasse, die Freunde, die Eltern – alle, die mit dem Papier und der darauf geschriebenen Klassenarbeit zu tun haben.

Ziel ist es, dass Sie sich wieder bewusst werden, auf wie

vielfältige Weise Sie mit Hunderten von Menschen, mit Gruppen, Familien, mit der Natur so eng verbunden sind, dass ein Leben ohne diese Verbundenheit gar nicht denkbar ist.

Übung

Werden Sie sich in Ihrem Klassenzimmer bzw. in einer Konferenz bewusst, dass Sie mit allen Anwesenden über ihre Atmung verbunden sind: Was Sie einatmen, haben andere ausgeatmet, was Sie ausatmen, atmen andere ein.

Frage zum Innehalten

Welche Auswirkungen hat es für Sie, wenn Sie sich dieser engen Verbundenheit bewusst werden?

Zusammenfassung: Resilienz

Diese vier Aspekte von Resilienz sind vielleicht ungewohnt, vielleicht auch eine Herausforderung. Der Gewinn ist ein ganzheitlicheres, gesünderes Erleben, eine sich verbessernde Stressbewältigung durch die veränderte Haltung, eine grundlegend höhere Selbstverantwortung, Selbstregulation und Selbstwirksamkeit, ein intensives Erleben von Verbundenheit und damit eines transpersonalen Vertrauens (in Ergänzung zum Selbstvertrauen).

2.3 Lebensbalance

Das Bild der Balance ist für Menschen plausibel und eignet sich deshalb besonders dafür, die eigene Lebenssituation zu untersuchen. Erlebte Gerechtigkeit in Beziehungen (»Verrechnungsnotstand«, Stierlin 2007) kennen Sie ebenso wie den guten Ausgleich in Ihrem Berufsleben (»Gratifikationsbalance«, Siegrist 1996): Starke Verausgabung (Engagement, Kreativität, Mut) ohne angemessene Entschädigung (Geld, Wertschätzung, Zuwendung, soziale Einbindung, Sicherheit etc.) wirkt pathogen und erschöpfend (s. u.).

Als bedeutsam für die Gesunderhaltung hat sich die oft vernachlässigte Balance von Anstrengung, Verausgabung auf der einen Seite und Erholung, Muße, Regeneration auf der anderen Seite herausgestellt. Während die Anstrengung in der täglichen (Arbeits-)Routine verankert ist, fehlt es vielen Menschen an einer eingespielten Regenerationsroutine, zumal viele alte ritualisierte Formen der Balance verloren sind (wie das alte benediktinische »ora et labora«, die gemeinsame Mahlzeit o. Ä.).

Wenn Sie nicht für ausreichende Erholungszeiten und Muße sorgen, funktioniert die Regeneration nicht. Spitzensportler bekommen dafür im nächsten Wettkampf die »Quittung«, weil sie ohne Erholungszeiten keine Spitzenleistung bringen können. Lehrer bekommen die Konsequenzen nach Jahren oder Jahrzehnten als Lustlosigkeit, Schlafstörungen, Erschöpfung oder sonstige Stresssymptome zu spüren. Die »Verschiebung« der Erholungszeiten in die Schulferien funktioniert vielleicht einige Jahre, doch Sie riskieren die Erholungsfähigkeit Ihres Organismus. Er braucht dann immer länger – bei vitaler Erschöpfung Monate –, um sich wieder aufzubauen. Entscheidend ist deshalb die tägliche Erholungsroutine.

Übung

Halten Sie hier inne und nehmen sich Zeit für diese wesentliche Balance.

Welche Zeiten des Tages dienen Ihrer Erholung, Ihrer Muße? Wann wird es um Sie herum still?

Welche Zeichen von Erholung bemerken Sie bei sich? Wie signalisiert Ihr Leib, Ihre Seele, dass Erholung notwendig ist? Wie spüren Sie, dass Sie »richtig« erholt sind?

Wie gestalten Sie Ihre Erholungszeit? Seien Sie ehrlich mit sich: Was regeneriert Sie wirklich und wobei »schummeln« Sie?

Tipp
Da Sie als Lehrer zu den Menschen gehören, die auch zu Hause arbeiten, braucht Ihre Arbeit in Ihrer Wohnung Grenzen: einen definierten Arbeitsplatz und klare Zeiten. Es sollte für Sie und für alle klar sein: Wenn Sie arbeiten, dann arbeiten Sie, wenn Sie für die Beziehungen zu Familie, Freunden und zu sich selbst leben, dann leben Sie Beziehungen etc. Wenn Sie arbeiten wollen, gehen Sie an Ihren Arbeitsplatz, schließen ggf. die Tür, setzen sich eine Zeit: Menschen takten in 90-Minuten-Rhythmen – folgen Sie einem solchen Rhythmus (den kennen Sie ja auch aus der Unterrichtszeit). Planen Sie Ausgleichszeiten als Erholungszeiten mit ein.

Besonders wichtig (wenn auch mit viel mehr Fantasie und Nachdruck umzusetzen) sind diese Regenerationsregeln bei den häufigen Doppelbeanspruchungen durch Beruf und Familie.

Balance ist mehr als schlichtes Zeitmanagement. Klar, es ist erforderlich, seine verfügbare Zeit klug einzuteilen. Es ist auch nützlich, konkret aufzulisten, was verschwendete Zeiten sind, Zeiten mit wenig Entwicklungs- oder Entspannungspotenzial (z. B. ungezieltes Fernsehen, »unzufriedenes Abhängen«), um Ressourcen zu entdecken.

Doch Zeiteinteilung folgt immer einer Priorisierung:

Was ist mir wichtiger als …?

Und Priorisierungen sind eng verbunden mit Sinnfragen: Was ist für mich bedeutsamer als …?

Zudem enthalten Priorisierungen Kosten-Nutzen-Analysen: Was ist der Preis dafür, wenn ich die Unterrichtsstunde heute Abend noch mal überarbeite (z. B. ein Beziehungskonflikt, nörgelnde Kinder) oder wenn ich es nicht tue (z. B. die fehlende Aktualität des Unterrichts).

Mit der folgenden Übung erkunden Sie Ihre Balancen. Vergegenwärtigen Sie sich dazu Ihre Ergebnisse der Übungen zur Resilienz.

Übung

Mit dem Kreisdiagramm können Sie Ihre Lebensbalancen erkunden (s. Abb. 1).

Die Achsen markieren verschiedene Lebensthemen. Sie fragen sich jetzt für jedes Thema, wie gut Sie es derzeit in Ihrem Leben umsetzen. Je besser, umso weiter außen machen Sie eine Markierung auf der Achse. Anschließend verbinden Sie die Markierungen und erhalten eine geometrische Figur.

Ziel ist nicht, alles »unter einen Hut« zu bekommen und eine Kreisform zu erreichen. Ziel ist, sich Ihre derzeitige Balance durch diese Visualisierung bewusst zu machen. Sie können dann entscheiden, ob es so bleiben soll oder ob und was Sie verändern wollen. Wichtig ist, dass Sie bewusste Entscheidungen darüber treffen, was in Ihrer jetzigen Lebenssituation machbar ist, was warten muss, was dringlich ist und was Sie anpacken wollen (Lauterbach u. Hilbig 2006).

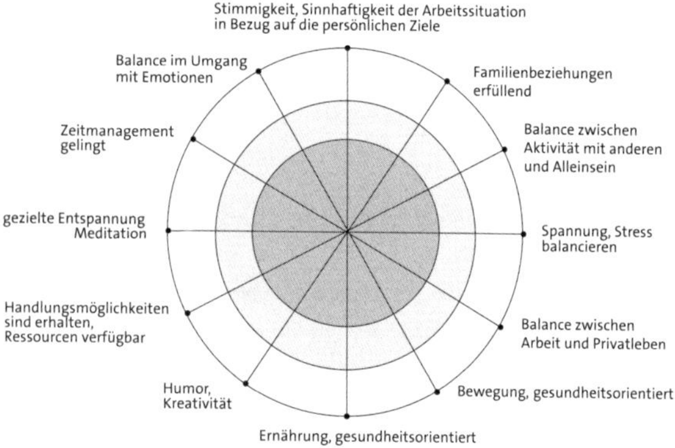

Abb. 1: Kreisdiagramm zur Lebensbalance[1]

1 Diese Abbildung finden Sie als Arbeitsblatt zum Ausdrucken auf der Seite www.carl-auer.de/machbar/gesund_in_der_schule.

Eine weitere Balance hat besondere Auswirkungen auf Ihre Gesundheit und Ihren Energiehaushalt: die erwähnte Balance von Geben und Nehmen. Wichtig ist es, sich diese Balance bewusst zu machen, weil Sie sonst in den emotionalen Verrechnungsnotstand zwischen Engagement und Belohnung kommen (»Wozu mache ich das hier alles, wenn es keiner dankt?«). Wenn Sie sich in ihrer Arbeit als Lehrer sehr engagieren und verausgaben, brauchen Sie angemessene Gratifikationen. Neben Ihrem Gehalt und der Sicherheit Ihres Einkommens sind das Ihre Freude an den Schülern, an den Inhalten, gute soziale Kontakte im Kollegium, Möglichkeiten für Ihre Weiterentwicklung (persönlich, fachlich, Karriere), interessante Herausforderungen etc.

Fragen zum Innehalten

Was erleben Sie als Gratifikation für Ihr Engagement?

Seien Sie bei der Beschreibung sehr genau. Auch kleine Ereignisse sind bedeutsam – wie das Lächeln eines Schülers oder eine kurze gelungene Arbeitssequenz.

Was lässt Sie Ihr Engagement lohnend erscheinen? Welche Ereignisse, Rückmeldungen, Reaktionen etc. nähren Sie in Ihrer Seele?

Es gibt Lebenssituationen, in denen Sie nicht geben, um etwas zu bekommen, sondern da geben Sie einfach so, und es hat als Solches einen hohen Wert (den eigenen Kindern, den Eltern, bei einem sozialen Engagement …). Der Wert entsteht gerade dadurch, dass Sie geben, ohne etwas zu erwarten. Wenn Beruf und Berufung dicht beieinanderliegen, dehnt sich dieser Bereich allerdings oft sehr weit aus und birgt das Risiko von Erschöpfung.

2.4 Achtsamkeit

Für die Gestaltung einer gesunden Lebenspraxis ist es bedeutsam, sich ein gutes Wahrnehmungs- und Spürvermögen zu erhalten, das eine flexible Navigation durch die Herausforderungen des Lebens erleichtert. Es geht um Ihre eigenen, gesunden Abstimmungen, statt Tipps und Regeln »von der Stange« zu nehmen. Als Schlüsselkompetenz gilt dafür heute die Kunst der Achtsamkeit. Sie wird beschrieben als ein Gewahrsein, das sich auf mich, meine Gefühle und Körperempfindungen, mein Denken, meine Wahrnehmungen, meine Verbundenheit mit der Umwelt, kurz: auf mein Sein in dem einen Augenblick richtet, den wir Gegenwart nennen (Gegenwärtigkeit, Präsenz). Achtsamkeit ist ein besonderer Zustand der Bewusstheit, den Sie immer wieder aufsuchen und in dem Sie von Augenblick zu Augenblick alles bewusst wahrnehmen, was in Ihnen und um Sie herum geschieht – ohne es zu bewerten und ohne an einzelnen Gedanken, Wahrnehmungen oder Gefühlen kleben zu bleiben. Alles, was geschieht, geschieht. Jetzt.

Sie merken, dass dieser »Zustand« ungewöhnlich ist. Sie werden ständig von dem Strom Ihrer Gedanken abgelenkt und weggetragen, Sie machen laufend und ungewollt Pläne für den Tag, Sie hängen an Ihren Erinnerungen fest und Sie sind ständig dabei, Wahrnehmungen und Gedanken zu bewerten. Sie können beruhigt sein: Das sind Überlebensfunktionen, die Ihnen eine rasche Reaktionsfähigkeit in schwierigen Situationen erlauben. Mit diesem »Autopiloten« können Sie mit einem Minimum an Aufmerksamkeit viele Ihrer Lebensroutinen bewältigen – vom Familienleben bis zu den schulischen Alltagsprozessen.

Wozu sollten Sie dann diese Kunst der Achtsamkeit üben?

Der Autopilot führt meist zu einem angestrengten Anhaften an überholten Lösungsmustern, zu einem hohen Tempo und Oberflächlichkeiten. Er verhindert Neues, verhindert Lernen. Und Sie verpassen viel: Sie leben über lange Zeiten an der Fülle und Tiefe des Lebens, möglicherweise an Ihrem Leben vorbei. Achtsamkeit ist eine Haltung, die zu Unterbrechungen des Autopiloten, zu mehr Präsenz, Wahrnehmungstiefe und Verbundenheit führen kann. Sie braucht gute lebenslange Übungswege.

Übung

Erinnern Sie sich an Situationen, in denen Ihr Autopilot Sie vorangetrieben hat und Sie plötzlich feststellen: Es ist herrliches Wetter, die Vögel singen, die Natur duftet, die Haut empfindet warmen Wind, warmherzige Menschen sind bei Ihnen – und Sie atmeten durch und fragten sich – heimlich –, wozu Sie das alles machen, was Ihnen der Autopilot vorgibt.
Was ist jetzt Ihre Antwort darauf?

Ihr Autopilot ist auf Pausen nicht eingerichtet. Er hat kaum Funktionen für gute Lebensbalancen, für Sinnhaftigkeit, für das Empfinden von Verbundenheit mit anderen und der Welt, für Lernen und letztlich hat er auch keine Funktion für Ihre Gesunderhaltung. Er hat zwar viele Hebel für die Verausgabung, aber wenige für Erholung. Die Reizüberflutung von außen hat zusätzlich zu einem Verstummen innerer Stimmen geführt. Es gilt, das Spürvermögen zu reaktivieren und der Fähigkeit zu einer fein aufgespannten Bewusstheit durch eingeplante kleine achtsame Momente wieder Raum zu geben. Das ist meist nicht aufwendig, es braucht allerdings die Entscheidung, dafür Aufmerksamkeit und etwas Zeit zu investieren und sich diesen Wahrnehmungen (wieder) auszusetzen.

Die Idee ist also, dass Sie durch die Übung von Achtsamkeit eine Art »inneren Coach« ausbilden, der Sie gesund durch das Leben navigiert. Dafür braucht es nichts – nichts als Raum und Zeit für Stille und Muße, sodass hinter dem kollektiven Tinnitus der lärmenden Informationswelt wieder das Eigentliche zu hören ist. Dann entsteht das, was Resonanz genannt wird, das Mitschwingen von Körper und Seele mit dem für Sie Eigentlichen – Ihrem inneren Wesen. Erst dann bekommt es einen Klang – wie die Saite einer Geige erst auf dem Korpus einen Klang bekommt (vgl. Kabat-Zinn und Kesper-Großmann 1999). Der »innere Coach« wirkt durch seine Verbindung zu dem, der Sie eigentlich sind.

Es gibt zwei Übungswege zur Kunst der Achtsamkeit, die Sie gleichzeitig beschreiten. Wir geben Ihnen für beide Wege eine kurze Skizze. Es sind mittlerweile gute Übungsanleitungen z. T. mit Audiounterstützung verfügbar, die Ihnen helfen, diese Übungen zu vertiefen – bei Kabat-Zinn und Kesper-Grossmann (1999), Andersen-Reuster (2013) sowie Kohtes (2012) sind CDs beigefügt. Das Buch von Esch (2013) gibt neben Übungen ausführliche Hintergrundinformationen.

1. Übungsweg

Für den ersten Weg brauchen Sie täglich 5 bis 20 Minuten (oder mehr) ohne Störung. In dieser Zeit üben Sie meditierend den achtsamen Bewusstheitszustand dadurch, dass Sie Ihre gesamte Aufmerksamkeit nur auf eine Sache ausrichten, hier wird dafür die Atmung genutzt.

Beginnen Sie z. B. mit 5 Minuten, die Sie sich morgens nehmen, bevor die Alltagsroutine beginnt und/oder abends, wenn alles zur Ruhe gekommen ist. Richten Sie sich einen festen Ort ein, den Sie dafür täglich aufsuchen.

Gehen Sie in die innere und äußere Haltung, wie wir es in der Anleitung zur Übung am Beginn dieses Kapitels beschrieben haben.

Widmen Sie sich der Wahrnehmung Ihrer Atmung. Wenn Ihre Gedanken, Gefühle etc. Sie wegtragen, kehren Sie immer wieder zurück zu dem Atemzug in dem gegenwärtigen Augenblick. Alles, was geschieht, ist recht. Lassen Sie sich nicht entmutigen, es ist die Übung, die das Wesentliche ist. Bleiben Sie dran.

Zum Ende atmen Sie tief ein und aus, reiben Hände und Gesicht – und dann ist die Übung erledigt. Sie können damit die Grundform der Achtsamkeitsmeditation einüben und dann erweitern. Wichtig ist die Regelmäßigkeit der Übung. Wenn Sie wollen, spielt sie sich so ein wie das tägliche Zähneputzen.

2. Übungsweg

Hier nutzen Sie Ihren Alltag, indem Sie kleine bis kleinste Unterbrechungen (Sekunden, Minuten) einplanen. Dafür gibt es zahllose Möglichkeiten. Sie halten jeweils kurz inne, nehmen ein bis drei tiefe Atemzüge und richten Ihre Wahrnehmung auf ein Gefühl, eine Sinnesqualität (Hautempfindung, Hören etc.), auf Ihre Körperhaltung o. Ä. – ohne zu werten oder etwas verändern zu wollen. Es ist oft nur ein Augenblick einer veränderten Bewusstheit.

Übungsvarianten

Sie unterbrechen eine Routinetätigkeit für wenige Sekunden und spüren in sich hinein: wenn Sie eine bestimmte Treppe benutzen, die Klinke des Unterrichtsraums oder Lehrerzimmers drücken, eine Klasse nach dem Unterricht verlassen haben, für eine Unterrichtsvorbereitung Ihren Computer einschalten etc. Wichtig ist, sich für einen bestimmten Zeitraum (1 Tag, 1 Woche) einen »Anker« zu nehmen (wie die Türklinke), der Sie an die kleine Achtsamkeitsübung erinnert.

Sie wählen sich eine Zeittaktung: nach jeder Unterrichtsstunde halten Sie kurz inne. Oder Sie lassen sich in der unterrichtsfreien Zeit durch ein Signal Ihres Handys stündlich an die Unterbrechung des »Autopiloten« erinnern.

Sie entscheiden sich für eine Wahrnehmungsqualität, der Sie über den Tag Ihre Aufmerksamkeit widmen: Zum Beispiel nehmen Sie bewusst all das wahr, was Sie an diesem Tag berühren und wie Sie es berühren. Wenn Sie etwas anfassen, gehen Sie mit Ihrer ganzen Aufmerksamkeit bewusst an genau die kleine Stelle, an der Ihre Hand einen Gegenstand berührt. Sie nehmen dann für einige Sekunden ausschließlich das wahr, was dort zu empfinden ist. Um sich über den Tag daran zu erinnern, hilft es, sich Markierungen zu machen (z. B. einen Fingernagel zu färben).

Hinweis: In dem Buch von Bays (2012) sind 53 solcher »federleichten« Übungen zur Achtsamkeit genau beschrieben.

Mit der Übung der Achtsamkeit werden Sie im Laufe der Zeit eine wesentliche Haltung erwerben, die Ihnen ein gesundes Navigieren durch den anspruchsvollen Schul- und Familienalltag ermöglicht – mit zahlreichen hilfreichen Effekten zur Verbesserung Ihrer Lebensqualität, und das alles mit einem recht geringen Aufwand.

2.5 Humor

Wir hoffen, dass Ihnen das Lachen noch nicht vergangen ist. Der Volksmund weiß, dass Lachen gesund ist oder dass Lachen die beste Medizin ist. Lachen ist zudem ansteckend.

Übungen

Schauen Sie sich bei youtube.com den kleinen Film »Bodhisattva in der Metro« an.

Gönnen Sie sich und Ihren Kollegen ein gemeinsames Erleben des Filmes – das Lachen steckt auch beim 10. Mal noch an – keine Immunität! Beobachten Sie, wie sich die Gespräche untereinander anschließend verändern.

Erweitern Sie diesen Zugang und schauen sich gemeinsam humorvolle Filme an (z. B. »Ziemlich beste Freunde« von Olivier Nakache und Éric Toledano 2011 o. Ä.).

Lachen festigt das soziale Gefüge. Vielleicht ist das ja auch der evolutionsbiologische Sinn von Humor. In der Familie, im Freundeskreis, in guten Kollegien haben Sie diesen Effekt sicher vielfach erlebt.

Humor und Lachen helfen, Konflikte zu entschärfen – wenn es nicht das Lachen über einen Dritten ist. Lachen hat diverse gesundheitliche Vorteile: Es trainiert Atmung und Kreislauf, lockert die Muskulatur, lindert Schmerzen, baut Stress ab, stärkt die Immunabwehr und stimuliert unser Belohnungszentrum im Gehirn.

Kranken kann man in ihrem Heilungsprozess durch Humor und Lachen helfen. In Kinderkliniken sind deshalb Klinikclowns zunehmend beliebt. In vielen Ländern gehören Lachen und Humor zum Standardrepertoire in der Alten- und Krankenpflege – in Deutschland ist da ein deutlicher Nachholbedarf. Fangen Sie in der Schule mit der heilsamen Wirkung von Humor an!

Humor lädt zu dem Perspektivwechsel ein, den Sie für Lösungen in komplexen Situationen benötigen. Wahrscheinlich kennen Sie den Satz des Avantgardisten Picabia (1879–1953): »Der Kopf ist rund, damit das Denken die Richtung ändern kann.« Genau darum geht es bei Lösungen für aussichtslose Situationen.

Humor ist etymologisch verwandt mit Humus und mit Humanität. Es hat mit Feuchtigkeit, Flüssigkeit, mit den Körpersäften zu tun. In der antiken und mittelalterlichen Medizin wurde der Mensch als Mischung aus verschiedenen Natursäften (humoris naturalis) verstanden, die entscheidend für Stimmung, Temperament, Konstitution, Krankheit und Gesundheit waren. Nutzen Sie diesen Nährboden für ein menschliches Miteinander.

Übung

Sammeln Sie Beispiele für Ihre humorvollen Lösungen oder Lösungswege.

Wie ist Ihnen der Einstieg in diese Wege gelungen? Was haben Sie wie gemacht? Was war dabei hilfreich?

Sammeln Sie Witze und experimentieren Sie damit im Kollegium und im Unterricht – es ist natürlich wie bei allen Heilmitteln eine Frage der Dosierung und des Geschmacks!

3 Zusammenfassung

Nehmen Sie für sich aus den verschiedenen Zugängen zur Gesundheit das, was für Sie passt, was Ihnen stimmig erscheint, was Ihnen Freude macht. Gesundheit ist in unserem Ansatz letztlich eine Haltung, mit der Sie achtsam und »bei sich bleibend« sowie Ihre Verbundenheit mit der Umwelt spürend durchs Leben gehen und ihr Verhalten darauf basieren lassen. Dann entfaltet es eine heilsame Wirkung auch auf andere. Damit schaffen Sie die wesentliche Grundlage für eine gesunde Schule.

Teil 2
Gesunde Schule

4 Schulentwicklung

Die Frage, was eine gesunde Schule sei, ist kaum zu beantworten. Einfacher ist es, der Frage nachzugehen, was in Ihrer Schule im Vergleich zu der jetzigen Situation gesünder wäre. Durch Vergleiche lassen sich konkretere Antworten finden. Welche Unterrichtsformen, welche Leitungsstrukturen, welches Mobiliar, welche Qualifizierungen der Lehrer, welche Strategien der Konfliktbearbeitung etc. führen zu einer gesünderen Schule? Gelingende Modelle zeigen immer wieder, dass es möglich ist, Begeisterung, Kreativität, Spaß und Lust an Neuem – also eine gesunde Kultur für Lernen und Entwicklung – in der Schule zu erhalten. Grundvoraussetzung dafür ist der Dialog zwischen allen Beteiligten, der niemals endet (salutogener Dialog, vgl. Abschnitt 1.2.1 über Salutogenese).

Für den vielschichtigen Prozess in Ihrer Schule stellen wir Ihnen hier das von Ilmarinen (2002) entwickelte Haus der Arbeitsfähigkeit (HdA) vor. Es ist entstanden aus der Beschäftigung mit den Auswirkungen demografischer Entwicklungen und Fragen der Gesunderhaltung in Unternehmen. Es zeigt Ihnen die Wechselwirkungen zwischen den unterschiedlichen Gestaltungsebenen einer gesunden Organisation. Verstehen Sie dies als Anregungen, die Sie für Ihre Schule weiterentwickeln, ergänzen, verändern und präzisieren können. Wir geben Ihnen jeweils Hinweise zum konkreten Vorgehen.

5 Das »Haus der Arbeitsfähigkeit«

5.1 Einführung

Unter Arbeitsfähigkeit verstehen Ilmarinen und Tempel »die Summe von Faktoren, die eine Frau oder einen Mann in einer bestimmten Situation in die Lage versetzen, eine gestellte Aufgabe zu bewältigen« (Ilmarinen u. Tempel 2002, S. 166). Ein gesunder Betrieb zeichnet sich deshalb nach Ilmarinen und Tempel dadurch aus, dass das Unternehmen effizient und effektiv ist, sich den wirtschaftlichen und gesellschaftlichen Veränderungen anpassen kann und gleichzeitig die psychische und physische Gesundheit der Beschäftigten sichert und fördert. »Es geht letztlich darum, im Arbeitsalltag eine stabile Balance herzustellen zwischen den Belastungen durch die Arbeit, den Ressourcen der Beschäftigten im Unternehmen und dem individuellen Potenzial der Mitarbeiterin und des Mitarbeiters« (Tempel u. Ilmarinen 2013, S. 16).

Arbeitsfähigkeit – genauer: Arbeitsbewältigungsfähigkeit – ist in diesem Verständnis also nicht (nur) eine individuelle Eigenschaft, sondern sie resultiert aus einem systemischen Verständnis von Arbeit und Leistungserbringung. Um dieses Wechselspiel zwischen den Menschen und ihren Rahmenbedingungen, zwischen den individuellen und den organisationalen Ressourcen und Handlungsspielräumen zu beschreiben, nutzt Ilmarinen die Metapher des Hauses. Im Kontext Schule würde die Leistungs- und Lernfähigkeit aller Beteiligten danach konsequent auch in ihren Wechselwirkungen mit dem Kontext verstanden. Sie kennen das von sich selbst: Sie brauchen einen bestimmten äußeren Rahmen (von den konkreten Räumen bis zur Stimmung, zur Atmosphäre und zu den aufeinander eingestimmten Leuten), um gut, entspannt und gesund arbeiten zu können.

5.2 Das Haus

Das Haus der Arbeitsfähigkeit besteht aus vier Stockwerken, die bildlich für solche Dimensionen stehen, die die Arbeitsfähigkeit unmittelbar beeinflussen:

- 1. Stockwerk: körperliche, geistige, seelische Gesundheit
- 2. Stockwerk: Qualifikation, Wissen, Kompetenzen, Fähigkeit, Fertigkeiten
- 3. Stockwerk: Werte, Einstellungen, Haltungen, Motivationen

– 4. Stockwerk: Führung, Arbeitsumgebung, Arbeitsinhalte, Arbeitsorganisation

Die Stockwerke sind durch eine Treppe miteinander verbunden, sind also durchlässig. Das Geschehen in einem Stockwerk beeinflusst das Geschehen in den anderen Stockwerken.

Da das Haus mit den Menschen und ihren Arbeitsplätzen nicht isoliert in der Welt steht, werden die Familie, das persönliche Umfeld, die regionale Umgebung und das gesellschaftliche Umfeld einbezogen. Diese Rahmenbedingungen beeinflussen von außen maßgeblich – mehr oder weniger direkt – die Menschen, die Arbeitsplätze und damit die Arbeitsfähigkeit des Einzelnen und des Kollektivs.

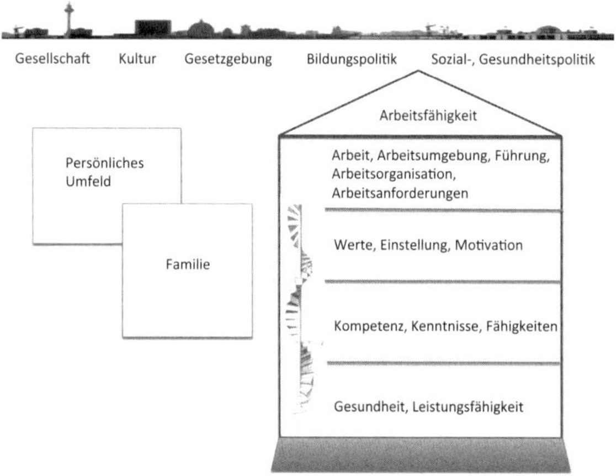

Abb. 2: Haus der Arbeitsfähigkeit (nach Ilmarinen u. Tempel 2002)

Wir laden Sie ein, mit uns durch dieses Haus zu gehen. In jedem Stockwerk werden wir innehalten und Ihnen Hinweise geben, wie Sie das Stockwerk erkunden können (Erkundungsfragen) und welche Möglichkeiten der Gestaltung Ihrer Schule Sie haben, die Sie z. B. in Arbeitssitzungen erarbeiten (s. Leitlinien und Anregungen zu Arbeitssitzungen). Ziel aller Aktivitäten in dem Haus und um das Haus herum ist es, Ideen zu wecken, wie Sie gemeinsam vorgehen können, um gesündere Varianten des schulischen Lebens zu gestalten.

5.3 Das Fundament

Die Stabilität von Häusern hängt von der Qualität ihrer Fundamente ab. Es gibt Häuser, die schiefe Fundamente haben, die »auf Sand« gebaut sind, die von unten verrotten, oder solche, die auf stabilem Felsen und Untergrund errichtet sind. Es kann also strukturelle Einschränkungen geben, die sich durch Standort der Schule, Gebäudequalität und Infrastruktur, Altersstruktur des Kollegiums etc. manifestieren und die letztlich nicht durch die Gestaltungen in anderen Stockwerken beseitigt werden können. Sie gehören oft zu den nicht oder nur begrenzt veränderbaren Rahmenbedingungen, die bei allen folgenden Überlegungen zu berücksichtigen sind.

Erkundungsfragen

- Was sind die wesentlichen Ressourcen und was sind die Mängel im Fundament unserer Schule?
- Wie zeigt sich das konkret in der Alltagsgestaltung? Wie beeinflusst das konkret unsere Gesundheit, Leistungsfähigkeit und Lebensqualität?
- Wie haben sich die »Bewohner« des Hauses auf dieses Fundament eingestellt?
- Was könnte wie verändert werden in der Beziehung der Bewohner zu dem Fundament? Wie könnte ein gesünderer Umgang mit den Fundamenten aussehen?

Anregungen zu Arbeitssitzungen

Nutzen Sie die Erkundungsfragen im Rahmen einer Arbeitssitzung des Lehrerkollegiums.

Eine Vorgehensvariante besteht darin, dass Sie zunächst Untergruppen bilden, die diese Fragen erkunden, sodass Sie im Plenum die unterschiedlichen Perspektiven auf das Thema auf geeignete Weise zusammentragen und visualisieren können (Moderationskarten, Pinnwände etc.).

In einem zweiten Schritt differenzieren Sie, welche Teile des Fundaments unveränderbar sind und welche prinzipiell wie veränderbar wären.

Analysieren Sie, was Sie wie mit »Bordmitteln«, Eigeninitiative, Elterninitiativen, Schülerprojekten etc. bearbeiten könnten. Verabreden Sie dazu konkrete nächste Schritte, definieren Sie einen Verantwortlichen, der darauf achtet, dass das Thema verbindlich weitergeführt wird.
Für welche nicht veränderbaren Teile (also Ihre Rahmenbedingungen) brauchen Sie eine neue Haltung, Strategie, Methodik des Umgangs? Wie könnte die Entwicklung dorthin geschehen, wo wäre ein Weg dorthin?

Der in dieser Arbeitsanregung skizzierte Ablauf ist ein Standardprozess, den Sie auf andere Entwicklungen übertragen können.

5.4 *Die Stockwerke*

Erstes Stockwerk: Gesundheit und Leistungsfähigkeit

Das erste Stockwerk bildet die Basis der Arbeitsbewältigungsfähigkeit in dem Haus und steht in vielerlei Wechselbeziehungen zu den anderen Stockwerken. Wir gehen von dem oben erläuterten ganzheitlichen und umfassenden Verständnis von Gesundheit aus. Es geht hier speziell um die gemeinsame Gesunderhaltung aller am Schulgeschehen Beteiligten, auch wenn wir die Lehrer schon vorzugsweise in den Blick genommen hatten.

In den Unternehmen, die sich mit dem Thema befassen, gibt es mittlerweile sehr ausgefeilte Konzepte, Prozesse und Strukturen, die als betriebliches Gesundheitsmanagement (BGM) zusammengefasst und in die Unternehmensabläufe und in die Führungsarbeit integriert werden. Von der ergonomischen Gestaltung gesundheitsgerechter Arbeitsplätze, über gesunde Belastungsprofile bis zu gesundheitsorientierter Führungsarbeit reichen die Themen und berühren damit natürlich auch die Themen der anderen Stockwerke.

Für das Unternehmen »Schule« stellen sich besonders die psychischen Belastungen und Risikofaktoren in diesem Stockwerk dar. Sie entstehen dann, wenn die internen und externen Ressourcen von Menschen zu einer angemessenen Bewältigung der Anforderungen dauerhaft nicht ausreichen und wenn nach Herausforderungen keine angemessene Regeneration erfolgt.

Voraussetzung für Erkundung und Entwicklung auf diesem Stockwerk ist es, Gesundheit, Gesundheitsrisiken und Möglichkeiten der Risikobewältigung überhaupt zu einem gemeinsamen Thema des Kollegiums zu machen. Die Idee dabei ist, die »gesunde Schule« als ein integrierendes Konzept der individuellen und gemeinsamen Gesunderhaltung sowie des Bildungsauftrags einer Schule zu verstehen.

Einige Leitlinien

Machen Sie Gesundheit zum Thema!

Machen Sie Gesundheit sichtbar, hörbar, spürbar, schmeckbar.

Gesundheit findet jederzeit und überall statt.

Finden oder entwickeln Sie einen Rahmen für das Thema in Ihren Regelkommunikationen (Konferenzen, Arbeitssitzungen).

Bestimmen Sie einen Kollegen, der ein Schuljahr lang die Verantwortung übernimmt, damit das Thema »Gesundheit« verbindlich behandelt wird.

Klären Sie für jedes Schuljahr die Erwartungen an Ihren gemeinsamen Prozess.

Erarbeiten Sie ein Gesundheitsthema, dem Sie sich ein Schuljahr lang besonders widmen.

Wählen Sie machbare, überschaubare und sichtbare Vorhaben, um einzelne Gesundheitsgefährdungen zu reduzieren und Gesundheitsförderungen sowie Gesundheitsbildung voranzubringen.

Anregungen zu Arbeitssitzungen

Es hat sich bewährt, dem Thema Gesundheit einen besonderen und klaren Platz in der Schulentwicklung zu geben. Die folgenden 7 Schritte skizzieren dafür einen gangbaren Weg:

1) Der erste Schritt ist die Entscheidung, *dass* Sie das Vorhaben gemeinsam wollen (Mehrheiten reichen).
2) Der zweite Schritt ist eine Aufbereitung der Thematik, i. d. R. eine orientierende Analyse der spezifischen Gesundheitsgefährdungen und -risiken, der Erfahrungen mit Gesundheitsthemen, der spezifischen Ressourcen Ihrer Schule und der vorhandenen Infrastruktur für Gesundheitsbildung und Gesundheitsförderung.
3) Der dritte Schritt ordnet die Risiken und Ressourcen und leitet aus den Ressourcen konkrete Themen zur Optimierung der Schulgesundheit ab, bündelt sie zu thematischen Schwerpunkten und skizziert erste (kleine, machbare) Schritte. Nutzen Sie bei diesem Schritt den »Blick über den Tellerrand«: Wo in der Welt, in welchen Schulen, in welchen Organisationen gibt es gute Lösungen für diese Themen? Welche Erfahrungen könnten für Sie wichtig sein? Schwärmen Sie aus, recherchieren Sie.
4) Der vierte Schritt dient der Entscheidung, *was* getan werden soll. Darauf folgen die weitere Konkretisierung des Vorhabens und die Planung (Zeit, Ressourcen, Abläufe, Beginn und Abschluss, Erfolgskriterien etc.).

5) Der fünfte Schritt ist ein sicht- und spürbarer Auftakt. Dazu eignen sich Arbeitssitzungen, Veranstaltungen zum Schuljahres- oder Halbjahresbeginn, Elternversammlungen, Schul- und Sportfeste etc.
6) Der sechste Schritt ist ein sichtbarer und wertschätzender Abschluss des Vorhabens.
7) Der siebte Schritt ist die gemeinsame Auswertung der Ergebnisse und des Prozesses. Er beschreibt auch die Lernerfahrung im Umgang mit diesem Vorhaben, um sie für das nächste Vorhaben nutzbar zu machen.

Sie sollten bei der Planung Ihrer Arbeitssitzungen auch an folgende Themen denken:

- Identifizierung der besonderen Belastungssituationen im Alltag Ihrer Schule und Möglichkeiten zur Verbesserung des Umgangs mit beeinflussbaren Belastungssituationen (Schüler, Lehrer, nicht unterrichtende Mitarbeiter)
- Begegnungsmöglichkeiten bei Spiel und Sport und Ausbau bewegungsfreundlichen Lernens
- Erarbeitung der vielen Facetten von Ernährung: »Ernährung« im Unterricht (globale Perspektiven, fairer Handel, ökologische Nachhaltigkeit, Mahlzeiten etc.), Erleichterung des Zugangs zu gesunder Ernährung, Zeiten und Räume für Sinnerleben und Genuss
- Nutzung außerschulischer Lernorte mit Gesundheitsbezug (freie Natur, Parks, Kräutergärten, Bauernmärkte, Sportvereine)

- **Angebote zur Krisenbewältigung für Schüler und Lehrer: von der Qualifizierung der Lehrer bis zu Kooperationen mit externen Beratungsangeboten**

Für Ihre Schulentwicklung sind gute Arbeitsmaterialien verfügbar, die Sie mit Gewinn in Ihren Arbeitssitzungen und Arbeitsgruppen einsetzen können (z. B. Bundesministerium für Arbeit und Soziales 2013, DAK Handbuch Lehrergesundheit mit Materialien 2012 und Badura 2011).

Für konkrete Vorhaben und Projekte zu Gesundheitsthemen auf diesem Stockwerk liegen ebenfalls Materialien vor, die z. B. bei der Bundeszentrale für gesundheitliche Aufklärung abgerufen werden können (vgl. Paulus 2008).

Nutzen Sie diesen Einstieg für die Erarbeitung gemeinsamer inhaltlicher und struktureller Aspekte von Gesundheit im Unterricht Ihrer Schule – also eine Koordination der Gesundheitsbildung zu einem schlüssigen Gesamtkonzept (von den Inhalten und Exkursionen bis hin zu erfahrungsbasiertem Lernen, Bewegungssequenzen und Entspannungsübungen im Unterricht). Dann haben Sie es mit allen Themen einer gesunden Schule zukünftig leichter. Sie ermöglichen den Schülern ein zusammenhängendes Erleben und vervielfachen die Effekte.

Erarbeiten Sie auch, wie sich die Schulkultur durch eine gemeinsame Fokussierung auf das Thema Gesundheit entwickeln wird, was Sie dabei anstreben und wie Sie einen tragfähigen Rahmen für alle (kleinen) Gesundheitsinterventionen schaffen können.

Schule bewegt uns

Einen wesentlichen Beitrag zur Gesunderhaltung leistet fraglos die regelmäßige körperliche Aktivität. Bewegung fördert das Lernen, weil zahllose entscheidende Parameter positiv beeinflusst werden: Hirndurchblutung/Sauerstoffsättigung, Neuroplastizität (Neubildung von Neuronenverschaltungen), viele psychische Dimensionen (Stimmung, Antrieb, Konzentrationsfähigkeit, Kreativität, Problemlösefähigkeit, Selbstvertrauen, Selbst-/Wahrnehmung, vernetztes Denken und Handeln, emotionale Intelligenz, Informationsverarbeitung), körperliche Balancen (Koordination, Beweglichkeit, Körperempfinden). Stressreaktionen stellen Bewegungsenergie zur Verfügung – evolutionsbiologisch zur Flucht und zum Kampf. Deshalb ist Bewegung die Hauptsäule der Bewältigung von Stress.

Der Schulalltag ist oft stark geprägt durch unsere gesellschaftlich übliche Sitz- und Sehkultur (in der modernen IT-Körperfehlhaltung). Da wir als Bewegungswesen konzipiert sind, werden wir krankheitsanfällig, dick und faul, wenn wir uns zu wenig körperlich beanspruchen (anders als Maschinen, die bei Beanspruchung verschleißen). Die zahllosen positiven und heilenden Auswirkungen regelmäßiger Bewegung sind wissenschaftlich belegt (Braumann 2006). Auf den Punkt gebracht: Jede Bewegung tut Ihrem Körper und Ihrer Seele gut.

Die einschlägigen Empfehlungen zu mehr Bewegung in Ihrem Alltag und zu regelmäßiger Ausdauerbewegung sind Ihnen sicher geläufig. Sie bekommen vor dem Hintergrund der Entwicklung einer gesunden Schule eine besondere Bedeutung und für Sie als Lehrer eine höhere Verbindlichkeit.

Die »bewegte Schule« hat zum Ziel, das heilende Potenzial von Bewegung in das Schulleben zu integrieren und durch eine »stärker bewegte Ausgestaltung des Schullebens und bewegungsfreundliche und ergonomische Gestaltung der Schulräume und Freiflächen sowie durch lehr- und lerngerechte Rhythmisierung des Unterrichts die Bewegungs- und Wahrnehmungskompetenzen der Schülerinnen und Schüler zu fördern, das Lernen und

Lehren zu unterstützen, effektiver zu gestalten und den Stress in Schule zu reduzieren.« (Verein Anschub 2010, S. 16). Bewegung ist Thema in allen unterrichtlichen und außerunterrichtlichen Aktivitäten – von klassischem Schulsport über bewegten Unterricht, bewegte Pausen, Wandertage bis zur Wissensvermittlung (vgl. Voll u. Buuck o. J., Müller u. Petzold 2006, Dennison 2012: Hier finden Sie zur bewegten Schule Hintergrundinformationen, Anregungen und praktische Beispiele).

Die Bedeutung von regelmäßiger Bewegung und auch von Entspannung im Alltag als Teil der Schulkultur prägt die Planung des Schulgebäudes, der Innenräume und der Freiflächen. Vor diesem Hintergrund wird die Bedeutung der physischen Umwelt als Spiegel der Erziehungsphilosophie deutlich (s. 4. Stockwerk).

Anregungen für Arbeitssitzungen

Sie können die folgenden Fragen nutzen, um sich dem Thema »bewegte Schule« anzunähern:

- Wie können Sie die Ideen über die Bedeutung von Bewegung für die Entwicklung, das Lernen und konkrete Umsetzungsmöglichkeiten zusammentragen und verfügbar machen?
- Wie kann Bewegung als zusätzlicher Informationszugang für das kognitive Lernen in den Unterricht integriert werden?

- Welche Vorbilder für Bewegung sind für die Schüler besonders wichtig?
- Wie lassen sich Auflockerungsminuten und Entspannungsübungen in den Unterricht einfügen?
- Welche Anreize für mehr Bewegung lassen sich schaffen?
- Regt Ihr Pausenhof Bewegungsaktivitäten an? Welche Gestaltungen können zu mehr und zu vielfältigerer Bewegung einladen?
- Wie können die Eltern in der Ausgestaltung einer bewegten Schule einbezogen werden (z. B. Schulhofgestaltung)?
- Lädt Ihr Schulgebäude (Räume und Flure) zur Gestaltung von bewegten Pausen ein? Wie könnte das optimiert werden?
- Wie lassen sich Schüler in die Gestaltung bewegungsfreundlicher Räume, Flure, Freiflächen einbeziehen?
- Wie können sich Schüler über Bewegungsmöglichkeiten und Spiele informieren? Welche Zugänge haben Sie dazu in der täglichen Schulzeit?
- Welche Gestaltungsmöglichkeiten für ein bewegtes Schulleben sind noch nicht ausgeschöpft (Wandertage, Klassenfahrten, Projekte, Schulfeste etc.)?

Identifizieren Sie konkrete Gestaltungsmöglichkeiten für die Rahmenbedingungen Ihrer Schule. Beschreiben Sie ein umsetzbares Vorhaben.

Entwickeln Sie eine Zeitleiste:

- Was können Sie direkt umsetzen – in Ihrem Unterricht, in den vorhandenen Räumen, mit den vorhandenen Ressourcen etc.?
- Was braucht organisatorische Planungen und Absprachen – Unterrichtsinhalte, Bewegungstage etc.?
- Was braucht längerfristige Planungen – Schulhofgestaltungen, Raumaufteilungen etc.

Schule nährt uns

Nach dem gleichen Prozessschema können Sie das Thema Ernährung gestalten. Wie Sie in der Schule mit dem Thema Ernährung umgehen, prägt auch die Ernährungsgewohnheiten der Kinder. Ein Gesamtkonzept für eine »nährende Schule« ist hilfreich (nährendes Wissen, nährende Beziehungen, nährende Lebensmittel): Die erlebte Alltagsernährung (Getränkeangebot, Wasser, Essensangebot der Schule, Obst, Kioskbestückung) und die vielen Ernährungsthemen in den Unterrichtsfächern werden miteinander verbunden. Gesunde Ernährung lebt vom Wissen und den konkreten sinnlichen Erfahrungen bei der Zubereitung und beim Verzehren von Lebensmitteln. Essen ist ein soziales Geschehen, Mahlzeiten sind der Rahmen dafür. Ökologie und Ökonomie, der achtsame Umgang mit Lebensmitteln, die

Wahrnehmungsschulung durch das Erspüren von Geruch und Geschmack etc. – kaum ein Thema verbindet so viele Lebensbereiche. Loten Sie die Möglichkeiten für die Gestaltung Ihrer gesunden Schule aus. Lassen Sie die »Schere der Machbarkeit« in Ihrem Kopf dabei zunächst noch zugeklappt.

Anregungen zu Arbeitssitzungen

Erarbeiten Sie Antworten auf folgende Fragen:

- Welches Bild von Ernährung vermitteln Sie den Schülern?
- Wie werden Wissen, sinnliches Erleben und soziales Miteinander mit Ernährung verbunden?
- Welche Ziele haben Sie dazu kurz-, mittel-, und langfristig in Ihrer Schule?
- Welche guten Beispiele in Schulen, Kindergärten und anderen Organisationen lassen sich erkunden (schwärmen Sie aus, recherchieren Sie)?
- Welche konkreten Wege lassen sich für Ihre Schule wie erschließen?

Nutzen Sie die zahlreichen verfügbaren Materialien (Heseker u. Beer 2004, »Gesunde Ernährung in der Schule« auf der Homepage des Bundesministeriums für Ernährung und Landwirtschaft – bmel.de, essenszeit.com, die

Handlungsempfehlung der Deutschen Gesellschaft für Ernährung 2014 etc.).

Zweites Stockwerk: Fachliche und soziale Kompetenzen, Qualifikation, Fähigkeiten

Auf diesem Stockwerk konzentrieren wir uns auf die sozialen Kompetenzen, die einen besonderen Einfluss auf die Gesundheit haben: Dialogfähigkeit, Konsensfähigkeit, Teamfähigkeit, letztlich auch die Lernfähigkeit über Feedback (Lernen zu lernen).

Beziehungen sind in der Schule die entscheidende Ebene, hier kommt alles zur Welt: Angenehmes, Belastendes, Aufmunterndes, Enttäuschendes, Energetisierendes und Erschöpfendes. Hier entscheidet sich, ob die Arbeit gesundheitsförderlich oder gesundheitsgefährdend ist.

Da es sich um ein Beziehungsgeflecht mit mindestens 3 Polen handelt (Lehrer, Schüler, Eltern), ist die Dynamik komplex. Um sie zu gestalten, brauchen Sie als die Verantwortlichen

- Ihre persönlichen sozialen Kompetenzen,
- eine vertrauensvolle Beziehungsgestaltung, Unterstützung und Abstimmung im Kollegium,

- ein systemisches Verständnis der Schule mit ihren Wechselwirkungen und ihren zirkulären, nicht linearen Bedingtheiten und
- einen ständigen Perspektivwechsel zur Reflexion der Situation.

Die Reflexion ist von dem Einzelnen im Schulalltag oft schwer zu leisten. Sie wird erleichtert durch gemeinsame Supervisions- oder Reflexionsgruppen. Das »Freiburger Lehrer-Coaching« (Bauer et al. 2007) ist ein wissenschaftlich fundierter Ansatz, der mit Coachinggruppen arbeitet. Das Besondere ist, dass für die freie Reflexionsarbeit auch thematische Module angeboten werden (z. B. Auswirkung von Beziehung auf Gesundheit, Auswirkungen persönlicher Einstellungen, Beziehungsgestaltung zu Schülern und Eltern, Beziehungen im Kollegium). Ein entsprechendes Manual ist im Internet verfügbar (s. Bauer et al. 2007), und Sie können es für die Erarbeitung eines gesünderen Miteinanders in Ihrer Schulentwicklung einsetzen.

Kollegium

Ein wichtiger protektiver Faktor gegen krankheitswertige Stressfolgen sind gute soziale Unterstützung und kollegiale Zusammenarbeit. Dies betrifft sowohl die fachliche

Unterstützung als auch den emotionalen Rückhalt. Beides ist natürlich in jedem Kollegium völlig unterschiedlich ausgeprägt. Wenn Sie sich mit Einzelnen verbunden fühlen und gegenseitiges Vertrauen erleben, ist ein wichtiger Anker vorhanden.

In jedem Kollegium gibt es Tendenzen der Spaltung – mehr oder weniger sichtbar und dramatisch. Die Spaltungslinien im Kollegium zeigen sich entlang der »typischen« Varianten der Lehrerpersönlichkeit: strikte vs. liberale Pädagogen, Männer vs. Frauen, ältere vs. jüngere, engagierte vs. weniger engagierte, schnellere vs. langsamere Kollegen, fachlich versierte vs. weniger versierte Kollegen, entlang unterschiedlicher fachlicher Positionen u. v. a. m.

Klagen übereinander »hinter dem Rücken«, Beschwerden von Eltern oder Schülern über einzelne Lehrer, Konflikte und Bündnisse mit der Schulleitung etc. lassen die Spaltungslinien manifest werden und Konflikte eskalieren. Unzufriedenheiten werden aktiviert und verstärken die Spaltungstendenzen im Kollegium.

Um in einem gesunden, konstruktiven und kreativen Austausch zu bleiben, braucht es Vorsorge, »bevor das Kind in den Brunnen gefallen ist«.

7 Leitlinien für gesundheitsförderliche Dialoge in der Schule

1. Transparenz, Transparenz, Transparenz!
2. Wertschätzung, Wertschätzung, Wertschätzung!
3. Nutzen Sie Beschwerden, werten Sie Klagen als Rückmeldungen, die zum Lernen anregen. Es ist von großer Bedeutung, dass Sie Prozeduren entwickeln, die routiniert eingesetzt werden können – Vertrauensausschuss, Schiedsgremium o. Ä.
4. Vermeiden Sie eine Kultur der infektiösen Klagsamkeit mit hohem Krankheitsrisiko. Negative Einstellungen sind z. B. Pessimismus, Neid, Ungerechtigkeitserleben, »früher war es besser« etc.
5. Haben Sie den Mut, Ihrer Freude an der Arbeit, an den Schülern, an der Zusammenarbeit Ausdruck zu verleihen und Ihre Lust an herausfordernden Aufgaben zu zeigen. Es ist der Mut zur Gesundheit.
6. Finden Sie Themen, die Ihnen miteinander Freude machen, richten Sie Ihre Aufmerksamkeit verstärkt dorthin. Dies ist kein »positives Denken«, das eine rosa Soße über alles gießt. Es ist die Ausrichtung der Aufmerksamkeit auf das, was gesunde Entwicklungen verspricht. Ihre Aufmerksamkeit lenkt Ihre Energieströme, Ihr Engagement (auf Negatives wie auf Positives gleichermaßen). Entwicklungen folgen jedoch der Energie. Fokussierungen der Aufmerksamkeit auf Negatives verstärken deshalb das Negative und umgekehrt. Das Risiko: Menschen verstecken sich häufig in ihrem Jammertal, weil sie sich dort zu Hause fühlen und es gewohnt sind, weil

positive Perspektiven Mut brauchen und zum Handeln und zu Ungewohntem einladen, weil ein Perspektivwechsel die Übernahme von Verantwortung für das eigene Schicksal bedeutet – ohne Wenn und Aber.
7. Sie können sich jederzeit entscheiden.

Eltern

Konflikte mit Eltern sind als Teil des Schulalltags »normal« und haben viele unterschiedliche, oft emotional sehr »aufgeladene« Facetten, z. B.:

- Unzufriedenheit mit der individuellen Förderung des Kindes
- Befindlichkeiten der Eltern: Befürchtungen im Kontakt mit Autoritäten, schlechte Erinnerungen an die eigene Schulzeit, Verleugnung von Schwierigkeiten oder »schlechtes Gewissen«
- Verständigungsprobleme: sprachlich, kulturell.

Die Lösung folgt folgender Balance: in Beziehung gehen, das Gespräch suchen, Eltern als Bündnispartner annehmen – und gleichzeitig: Klarheit und Führung, Ziele transparent machen, deutliche Markierung, wo die Grenzen der Einflussnahme liegen. Die Kunst ist die richtige

Mischung aus wertschätzender Beziehung und spürbarer Verantwortungsübernahme.

Nur durch eine bewusste Gestaltung dieser Beziehung lassen sich die vielschichtigen Dynamiken zwischen Lehrern und Eltern konstruktiv entwickeln. Besser ist es, Sie investieren hier Zeit und Kreativität, als dass Energie in andauernden Reibungen verloren geht (s. Mandac 2013, hier gibt es dazu noch viele detaillierte Hinweise).

Informationen über die Gesundheitsaktivitäten der Schule und die gemeinsame Planung zu Gesundheitsthemen eignen sich besonders gut als Kristallisationspunkte für den Dialog mit den Eltern, ebenso Angebote zur Gesundheitsbildung (Suchtprävention, Stressbewältigung, psychische Gesundheit, Ernährung, Bewegung etc.). Zur Unterstützung lassen sich dafür externe Ressourcen erschließen (Turnvereine, Krankenkassen, Elternseminarangebote, Volkshochschulen, regionale Suchtpräventionsstellen etc.)

Schüler

Sie haben Ihren Beruf gewählt, weil Sie gern mit Kindern und Jugendlichen in Beziehung gehen und neugierig geblieben sind auf diese – so, wie sie sind (und nicht so, wie Sie sie gern hätten). Trotzdem: Ihre Schüler machen es Ihnen nicht immer leicht. Deswegen folgen hier einige Leitlinien für die gesunde Kommunikation mit den Schülern (erweitert nach Bauer et al. 2007):

7 Leitlinien für die geeignete Kommunikation mit Schülern

1. Beginnen Sie die Unterrichtsstunde mit Beziehungsaufnahme: Was bewegt die Schüler *jetzt*?
2. Seien Sie vor den Schülern im Unterrichtsraum und begrüßen Sie sie beim Hereinkommen.
2. Folgen Sie der Regel: Kontakt und Beziehung gehen vor Stoffvermittlung. Stoffvermittlung klappt nur, wenn sie in Beziehung eingebettet ist.
3. Regularien (Klassenbuch, Verabredungen etc.) ans Ende der Stunde legen, da sie die verfügbare Energie am Beginn des Unterrichts sonst lähmen.
4. Seien Sie präsent: Schüler erwarten einen Lehrer, dessen Persönlichkeitsprofil und dessen Eigenschaften sie erkennen können, der präsent, der mit Herz und Verstand »da« ist, der Respekt erwartet und auf Regelverletzungen angemessen reagiert. Achten Sie auf eine angemessene Körperhaltung, eine deutliche Sprache, auf den Blickkontakt zu den Schülern. Erforderlich sind Klarheit in den Äußerungen und physische Nähe zu den Schülern (z. B. durch Bewegung im Unterrichtsraum, durch Nähe zu den Unruhezentren).

Fragen zum Innehalten:

Stellen Sie sich folgende Fragen und reflektieren Sie die Antworten unter dem Aspekt der Präsenz:

Welcher der Lehrer, die Sie damals unterrichtet haben, ist Ihnen am besten in Erinnerung geblieben? Was war das Besondere an ihm? Wie hat sich das gezeigt?

Wie hat er das gemacht? Wie haben Sie das damals als Schüler gespürt?

5. Sie haben als Lehrer die Verantwortung, durch Ihren Unterricht den Rahmen dafür zu schaffen, dass Schüler möglichst effektiv und effizient lernen können. Den Schülern bleibt die Verantwortung, dieses Angebot für sich zu nutzen.
6. Sie brauchen als Lehrer eine gute Balance zwischen Sachbezogenheit, Strenge, Leistungserwartung und Ihrer wertschätzenden Beziehung zu den Schülern sowie Nachsicht und Unterstützung. Diese Balance wird jeder Lehrer entsprechend seinem Persönlichkeitsprofil unterschiedlich gestalten. Wichtig ist die Bewusstheit für diese Balance.
7. Sie bewegen sich mit dem Thema der sozialen Kompetenz in dem zentralen Entwicklungsfeld eines für alle Beteiligten gesunden schulischen Alltags. Seien Sie nachsichtig mit sich: Es ist ein andauernder Prozess, der mal besser, mal schlechter gelingt und den Sie immer wieder neu aufrollen müssen. Bleiben Sie dran!

Anregungen für Arbeitssitzungen

Stimmen Sie sich im Kollegium über Schwerpunkte zur sozialen Kompetenz ab.

Das Kriterium für die Auswahl von Schwerpunkten ist: Womit können Sie derzeit in Ihrer Schule am meisten bewegen für ein gesundes und kreatives Miteinander von Lehrern, Schülern und Eltern?

Das könnte die Arbeit mit Schüler- oder Elternvertretungen sein oder die gemeinsame Entwicklung von Projekten zum Thema Gesundheit oder die Kooperation zwischen den Fachbereichen der Schule oder die Konfliktlösung im Kollegium.

Achten Sie darauf, dass Ihre Beschäftigung mit dem Kollegium selbst nicht zu viele Energien bindet. Gönnen Sie sich ggf. einen externen Moderator.

Die Erfahrung zeigt, dass attraktive Vorhaben oder gemeinsame Projekte (z. B. Gesundheit) eine große Zugkraft entfalten, die zu deutlich mehr Gemeinsamkeit führt.

Drittes Stockwerk:
Werte, Einstellungen, Haltungen, Leistungsbereitschaft

Die Steuerung von sozialen Systemen erfolgt einerseits über soziale Regeln und andererseits über gemeinsame Werte. Regeln sind direkte Handlungsanweisungen, die vorschreiben, was man in einer bestimmten Situation tun darf und was nicht. Werte (z. B. Freiheit, Gleichheit,

Brüderlichkeit) sind allgemeiner und grundlegender, sie bieten keine direkten Verhaltensanweisungen. Sie sind vielmehr Wegweiser durchs Leben und beeinflussen eher unbewusst das Denken, Fühlen und Handeln. Sie setzen einen Orientierungsrahmen, geben Halt in unsicheren Zeiten, helfen, Entscheidungen zu treffen, mit Konflikten umzugehen und Prioritäten zu setzen. Werte sind auch die Grundlage für Antworten auf die Frage, ob und wie Gesundheit gemeinsam gestaltet werden soll.

Wie bedeutsam Werte für die seelische und körperliche Gesundheit sind, wird erst dann deutlich, wenn sie verloren gehen, unklar sind oder wenn ihnen zuwidergehandelt wird (Beispiel aus sozialen Einrichtungen: Gelten eher die Werte menschlicher Zuwendung oder ökonomischer Sparsamkeit?). Die Folgen können Orientierungslosigkeit, Anspannung, Erschöpfung, Unzufriedenheit und das Empfinden von Sinnlosigkeit sein. Stimmig miteinander gelebte Werte geben einen festen Stand, wirken authentisch und führen zu nährenden Ergebnissen.

Für die Entwicklung einer gesunden Schule ist die Klärung des Vorrats an gemeinsamen Werten und Überzeugungen von großer Bedeutung.

Fragen zum Innehalten

- Welche Begriffe prägen in Ihrer Schule das Menschenbild (Partner, Gegner, Störfaktoren, Kostenfaktoren, Vollzeitkräfte/Teilzeitkräfte/Fachkräfte)?
- Wird Mitmenschlichkeit gelebt (Verbundenheit, Würde, vertrauensvoller Umgang, Zuwendung, Wertschätzung, Unterstützung)?
- Wird kooperiert statt konkurriert?
- Sind Lebensfreude und Sinnerleben spürbar?
- Welchen Werten wird wann und wie Vorrang eingeräumt?

Wertediskussionen in Organisationen sind oft sehr mühselig, werden schnell abstrakt und praxisfern. Wir empfehlen Ihnen für Ihren Prozess die Methodik des Storytelling. Damit können Sie zu einem sehr differenzierten, tief gehenden und gleichzeitig lebendigen und attraktiven Prozess der Wertebeschreibung kommen.

Storytelling ist eine Methodik, die mit Metaphern und Erzählungen arbeitet und mit der komplexe Zusammenhänge verstanden und für Entwicklungsprozesse aufbereitet werden können. Beispiele dafür sind die narrativen Ansätze im Coaching und in der lösungsorientierten Psychotherapie. Menschen erzählen sich selbst und anderen immer wieder Geschichten, um ihre Situation zu verstehen, Entscheidungen zu erläutern und um letztlich ihr Leben zu verstehen und es plausibel und kohärent zu machen. Die Erzählung unserer Biografie ist scheinbar eine Erzählung aus der Vergangenheit, aber implizit eine Anleitung für die Gestaltung der Zukunft – ich bin so und so geworden und werde so und so reagieren. Geschichten vermitteln auch in Gemeinschaften Sinn und stiften das Verstehen und das Erleben von Zusammenhängen, von Zugehörigkeit zu der Gemeinschaft der Erzählenden. Deswegen ist in Unternehmen dieser Weg als hilfreich entdeckt worden (Frenzel et al. 2004). In der Schule liegt diese Methode natürlich besonders nah, da das Geschichtenerzählen ein wichtiger Teil der Arbeit mit Kindern ist. Kinder erzählen gern Geschichten und bekommen besonders gern welche erzählt.

Anregungen für Arbeitssitzungen

- Sie können beim Storytelling sehr unterschiedlich vorgehen. Beispiel: Sie sammeln Geschichten im Vorfeld eines Arbeitstreffens.
- Lassen Sie Ihre Schüler Geschichten erzählen oder aufschreiben darüber, wie und wo sie Gesundheit in der Schule erleben: im Unterricht, in den Pausen, auf dem Schulweg, beim Essen, beim Sport oder bei Klassenarbeiten. Sammeln Sie positive und kritische Geschichten.
- Lassen Sie auch die Eltern Geschichten dazu schreiben.
- Lassen Sie alle Kollegen Geschichten über gesunde und ungesunde Erlebnisse in der Schule schreiben.
- Erstellen Sie eine Synopse der Geschichten vor der Arbeitssitzung: Es sollte dabei eine Übersicht über die Themenschwerpunkte entstehen. Die Vielfalt und Buntheit der Erzählungen sollte erhalten bleiben.
- Folgen Sie bei der Auswertung gezielten Fragen, die Sie vorher entwickeln.
- Welche Reaktionen auf die Geschichten beobachten Sie bei sich (Gedanken, Emotionen, Impulse)?
- Welche Werte werden deutlich, an denen sich der Erhalt von individueller und kollektiver Gesundheit orientiert? Welches sind die drei bedeutsamsten, am häufigsten erzählten Werte? Welche Werte fehlen?
- Welche Geschichten geben Hinweise auf Anknüpfungspunkte für eine gesündere Schule?

- Schreiben Sie Erzählungen zu dem Thema: »Anekdoten aus dem Alltag unserer gesunden Schule in einem Jahr«. Tragen Sie auch diese Geschichten wieder zusammen und werten sie aus, am besten mit den gleichen Fragen wie zuvor.
- Passen Sie dieses Vorgehen Ihrer jeweiligen Situation an. Wichtig ist, dass Sie sich beim Erzählen zunächst von einem Ergebniszwang frei machen. Lassen Sie sich auf die Geschichten ein, spüren Sie nach, wie sie auf Sie und auf das Kollegium wirken.
- Tauschen Sie sich darüber aus. Spüren Sie den Grundlagen für anstehende Entwicklungen und Veränderungen nach.
- Wichtig: Kommen Sie erst danach zu einer konkreten Planungsrunde für die Umsetzung von Projekten o. Ä. zusammen.

Das Storytelling erscheint uns für dieses komplexe und oft überfrachtete Stockwerk als hilfreiche Methodik, um zu variantenreichen, flexiblen, lebendigen und gleichermaßen klaren und verbindlichen Planungen zu kommen.

Viertes Stockwerk: Arbeit, Arbeitsumgebung, Führung

Im vierten Stockwerk finden Sie sehr unterschiedliche Aspekte des äußeren Rahmens, der die Arbeitsfähigkeit und Gesundheit beeinflusst: von der materiellen Umgebung (Architektur, Mobiliar, Ausstattung, Kantine etc.) über die Arbeitsprozesse (Stundenplangestaltung, Pausenregelungen etc.) bis zur Gestaltung von Führung. Die Gestaltung dieses Stockwerks kann mehr oder weniger salutogen wirken und kann das Lernen erleichtern oder erschweren.

Führung

In der Schule wird fraglos geführt: Schulleitungen, Stellvertretungen, Fachbereichsleitungen und natürlich Klassenleitungen. Ein kurzer Blick über den Tellerrand:

In Unternehmen und Betrieben ist die Qualität der Führungsarbeit in das Zentrum der Aufmerksamkeit gerückt: Der direkte Zusammenhang von Führung, Gesundheitserleben der Mitarbeiter und wirtschaftlichem Erfolg ist mehr als deutlich. Zunehmende Krankheitstage mit entsprechenden Kosten zwingen bei knapper werdenden Ressourcen und bei älter werdenden Mitarbeitern zum Handeln. Die körperlichen Gesundheitsrisiken sind in den meisten Branchen gut im Griff (Ergonomie, Umgang mit äußeren Risiken etc.). Die seelische Gesundheit ist jedoch offenbar schwerer zu balancieren. Das zeigen die Anstiege der entsprechenden Diagnosen bei Krankheitsfällen und bei Frühverrentungen. Da die psychische Gesundheit Auswirkungen auf das Leistungsverhalten, das Sozialverhalten, die biologischen Gesundheitsparameter und auf das individuelle Gesundheitsverhalten selbst hat (Ernährung, Bewegung etc.), ist es verständlich, dass gerade hierfür nach Lösungen gesucht wird. Dabei haben sich zwei besonders wichtige Stellschrauben gezeigt: die emotionale, von Wertschätzung geprägte Beziehung der Führungsverantwortlichen zu ihren Mitarbeitern und die soziale Unterstützung in den Teams.

Lernen und Sachvermittlung werden durch Beziehungen gerahmt und damit entweder gefördert oder erschwert (2. Stockwerk). Das gilt für die Beziehung von Schülern untereinander (Freundschaften, Konflikte, Neid etc.). Und es gilt vor allem für die Beziehung der Lehrer – als Führungsverantwortliche – zu ihren Schülern. Wie lässt sich eine gesundheitsförderliche und gleichermaßen lernförderliche Qualität von Führung beschreiben?

Aufbauend auf dem, was Sie auf den anderen Stockwerken schon zu wesentlichen Aspekten kompetenter Führung erarbeitet haben, empfehlen wir, das Ihnen schon bekannte Modell der Salutogenese als einen Zugang zu nutzen, um Ihre gesundheitsorientierte Führungsqualität in Ihrem Führungskollektiv (Kollegium) weiter zu spezifizieren.

Anregungen zu Arbeitssitzungen

Öffnen Sie sich für einen kollegialen Austausch über die Führungsarbeit in Ihrer Schule.

Es braucht oft Mut, sich gegenseitig »in die Karten« zu schauen (siehe als Zugang auch die erwähnten Coachinggruppen für Lehrer). Deswegen ist es gut, dafür gemeinsam einen tragfähigen Rahmen zu schaffen, z. B. einen Moderator einzuladen und sich auf einen Prozessablauf zu einigen (»Prozesssicherheit« schaffen). Ein ressourcenorientierter Ansatz ist dabei wichtig, um gegenseitige Vorbehalte oder Entwertungen zu vermeiden.

Es gilt, die jeweils sehr persönlich geprägten Führungsstile in das gemeinsame Gefäß einzubringen und einige grundlegende Aussagen zur Gesundheitsorientierung einander mitzuteilen.

Salutogene Führung

Für die Frage, wie Gesundheit entsteht, hatten wir den Begriff der »Stimmigkeit«, also der Erlebensqualität von Kohärenz beschrieben. In der Schule haben alle Beteiligten eine bessere Möglichkeit, gesund zu bleiben, wenn sie die Abläufe in der Schule – das, was Ihnen allen täglich begegnet – als stimmig und kohärent erleben. Das heißt nicht unbedingt, alles »schön« zu finden, sondern es in einen Zusammenhang bringen zu können. Gelingt es nicht, für das tägliche Erleben Kohärenz herzustellen, entsteht ein deutlich höherer Stresspegel und ein höherer Energieaufwand.

Anregungen für Arbeitssitzungen

Wenn Sie sich für den kollegialen Austausch entschieden haben, gehen Sie den drei Faktoren der Stimmigkeit nach: der Verstehbarkeit, der Machbarkeit/Beeinflussbarkeit und der Sinnhaftigkeit.

Nutzen Sie dafür folgende Fragen:

- Wie sorge ich (in meiner jeweiligen Führungsrolle) dafür, dass alle Beteiligten verstehen und durchschauen, was an der Schule (in meinem Unterricht, in meinem Fachbereich ...) läuft? Wie sorge ich für eine Vorhersagbarkeit der alltäglichen Abläufe und Herausforderungen? Was gelingt mir und was gelingt mir (noch) nicht?
- Wie sorge ich dafür, dass (in meinem Verantwortungsbereich) die notwendigen Ressourcen verfügbar sind oder erschlossen werden können, sodass die Herausforderungen zu bewältigen sind und die Situation zu beeinflussen ist? Was gelingt mir und was gelingt mir (noch) nicht?
- Wie sorge ich (in meinem Verantwortungsbereich) für das Erleben von Sinnhaftigkeit? Wie werden Sinn und Bedeutung der Herausforderungen deutlich? Was gelingt mir und was gelingt mir (noch) nicht?

Nehmen Sie sich ein ausreichendes Zeitbudget für diese Fragen. Der Ansatz ist durchaus anspruchsvoll, braucht also Ihre Aufmerksamkeit, Konzentration und innere Ruhe.

Nutzen Sie zunächst Zeit für sich allein und gehen Sie dann in einen persönlichen Austausch miteinander, am besten in bilateralen Gesprächen und/oder in Kleingruppen.

Fassen Sie die Ergebnisse Ihres Austauschs mit folgenden Fragen zusammen:

- Was zeigt sich an Ähnlichkeiten und Unterschieden bei Ihren salutogenen Herangehensweisen und den Umsetzungen in Ihrer Führungsarbeit?
- Gibt es einen Vorrat an gemeinsamen Zugängen?
- Was bräuchte einen weiteren vertieften Austausch (ggf. mit einem Input von außen)?
- Wie wollen Sie den begonnenen Austausch fortsetzen?

Es kommt nicht darauf an, ein verbindliches Führungsleitbild zu formulieren oder sich auf ein identisches Vorgehen in der Führungsarbeit zu einigen. Das Wichtigste haben Sie mit dieser Arbeitssitzung bereits begonnen: den Austausch über Ihre Zugänge zu einer gesundheitsorientierten Führung. Das gilt es fortzusetzen und mit den Ergebnissen der anderen Stockwerke zu verbinden.

Die gesunde Gestaltung der physischen Arbeitsumwelt

»Schulgebäude sind nicht nur gebaute, sondern immer auch symbolische Umwelt, in denen sich der ›Zeitgeist‹ widerspiegelt« (Flade 2008, S. 178).

> **Frage zum Innehalten**
> Welche Annahmen, Symbole und Werte über Gesundheit zeigen sich in Ihrer physischen Arbeitsumwelt?

Gebäude

Die Schulgebäude sind der materielle Rahmen für Lehren und Lernen. Architektur, Mobiliar, Ausstattung, Akustik, Licht, Belüftung u. v. a. m. prägen die mehr oder weniger gesunde Mensch-Umwelt-Beziehung unmittelbar.

Nach Gifford (2007) hängen die Lerneinstellung (Zufriedenheit, Lernbereitschaft, Einstellung zur Schule etc.) und das Lernverhalten (Ausdauer, Mitarbeit, Leistung etc.) von den individuellen Eigenschaften der Schüler, von den Kennzeichen der sozialen Rahmenbedingungen (Regeln, Lehrplan, Unterrichtsmethoden, Beziehungen etc.) und von der materiellen Lernumgebung ab (Dichte, Luft, Wärme, Raumklang, Farbe, Ergonomie etc.). Zwischen diesen drei Komplexen bestehen enge Wechselwirkungen. So löst die physische Umwelt beim Betrachter emotionale und körperliche Reaktionen aus. Löst eine gebaute Umwelt durch ein richtiges Reizvolumen, das den Betrachter nicht unter- oder überfordert, eine positive Reaktion aus, so wendet er sich dieser Umwelt erkundend zu. Wird sie aber als grau, hässlich und eintönig erlebt, wendet er sich von ihr ab. »Umwelten sind also mehr oder weniger gefühlsmäßig erfahrene ›gestimmte Räume‹« (Flade 2008, S. 108).

Die Schule ist neben dem Kindergarten der erste öffentliche Raum, in dem Kinder und Jugendliche einen Großteil ihrer Lebenszeit verbringen, mit dem sie in Beziehung treten, den sie wahrnehmen und erleben. Die Gestaltung und Ausstattung der Innenräume einer Schule symbolisieren den Stellenwert von Bildung und Gesundheit im Wertekanon einer Gesellschaft. Sich in der Schule wohlzufühlen ist eine Grundvoraussetzung für die physische und psychische Gesundheit sowie für gutes Lernen und Lehren (vgl. auch Gifford 2007).

Bei Instandhaltung, Sanierung, Umbau oder Neubau der physischen Umwelt ist der beachtliche gesellschaftliche Wandel zu berücksichtigen. So benötigen Kinder und Jugendliche, die sich im Alltag immer weniger bewegen, eine Umgebung mit einladenden Bewegungsanreizen. Eine immer heterogener werdende Schülerschaft braucht mehr Räume für Austausch und eine individuelle, unterstützende Lernumwelt. Für Schüler, die immer mehr Zeit in der Schule verbringen müssen, werden zusätzliche Räume für Betreuung und Freizeit benötigt (z. B. Cafeteria oder Bibliothek).

»Stressoren in gebauten Umwelten sind ungünstige physische und bauliche Bedingungen wie Lärm, Luftverschmutzung, ungünstiges Raumklima, mangelnde Sicherheit, Beengtheit, falsch dimensionierte Räume, ungünstige Grundrisse« (Flade 2008, S. 144). Neben Lärm gehört der Mangel an Platz zu den häufigsten Belastungsfaktoren. Die räumliche Dichte, also das ungünstige Verhältnis zwischen verfügbarem Raum und der Zahl der Personen in diesem Raum, wird als Engestress bezeichnet (ebd., S. 148), der eine nicht kontrollierbare Überstimulation verursacht (Reizüberflutung, Kontrollverlust). Lärm und Unruhe eskalieren, Konzentrations- und Aufmerksamkeitsfähigkeit sowie Informationsverarbeitungsprozesse werden erschwert. Trotz aller individuellen Unterschiede in dem Erleben von Enge und Lärm: »Bauakustische, schallabsorbierende Maßnahmen können die Unterrichtsbedingungen und damit auch die schulischen Leistungen verbessern« (ebd., S. 183). Hier kommen Sie in einen Bereich mit engen Gestaltungsgrenzen, also gilt es, mit viel Fantasie vorhandene Spielräume zu entdecken.

Anregungen zu Arbeitssitzungen

- Erstellen Sie eine Checkliste, mit der Sie Ihre Schule, die Gebäude, Räume, Ausstattung, Zustand, Farbgebung zunächst betrachten wollen. Beziehen Sie Schüler und Eltern von Beginn an in diesen Prozess ein.
- Schauen Sie sich gemeinsam in Ihrer Schule um und beschreiben Sie Ihre Schule mithilfe der Checkliste.
- Erarbeiten Sie gemeinsam, was für eine gesündere Schule getan werden sollte.
- Mit welchen umsetzbaren Maßnahmen könnten Sie einen Prozess beginnen?
- Wie müssten Sie das beginnen, wen müssten Sie einbeziehen, welche Ressourcen sind wie zu erschließen etc.?
- Erstellen Sie einen Masterplan mit kurzen, mittelfristigen und langfristigen Perspektiven.

Als Beispiel: Farben sind ein kostengünstiges und höchst wirksames Mittel, um eine einladende Atmosphäre zu erzeugen. Hellere Farbtöne lassen Räume größer und weiträumiger erscheinen und reflektieren das Licht besser. Farben lösen unterschiedliche emotionale und intentionale Resonanzen aus. Farbpsychologisches Wissen kann genutzt und zur Gestaltung eingesetzt werden.

Nutzen Sie gute Beispiele anderer Schulen als Anregung (z. B. Luise-Büchner-Schule, Freudenstadt u. v. a. m.).

Beziehen Sie Schüler und Eltern in die farbliche Gestaltung Ihrer Schule ein (cajabu.de: »Farbe macht Schule«).

Verbinden Sie die farblich angenehme Gestaltung der Schule mit den Themen der gesunden Schule (Stressreduktion, Anregung, Entspannung).

Außenflächen, Schulhof

Naturumwelten werden geschätzt, weil sie als schön empfunden werden und positive Emotionen auslösen (Ästhetiktheorien, s. Berlyne 1971, Kaplan und Kaplan 1989). Das körperliche und seelische Wohlbefinden wird gestärkt, und auch unsere sozialen Interaktionen werden günstig beeinflusst (vgl. Guéguen u. Meineri 2013).

Die positiven Auswirkungen eines grünen Umfelds scheinen auch auf einer Aufmerksamkeitserholung zu beruhen (Kaplan 1995). Willkürliche Aufmerksamkeit erfordert Anstrengung und führt zu Ermüdung. Unwillkürliche Aufmerksamkeit fließt, wenn eine Tätigkeit oder Umwelt die Menschen fasziniert. In diesen Phasen scheint auch der »Akku« für die willkürliche Aufmerksamkeit wieder aufgeladen zu werden. Wer sich von mentaler Ermüdung erholen will, sollte schlafen oder sich in anregungsreichen Umwelten bewegen. Stadtumwelten überfordern allerdings rasch durch ihre Reizüberflutung und ermüden. Natur bietet dafür »sanfte Reize« für unwillkürliche Aufmerksamkeit und erlaubt dem Gehirn, sich zu erholen. Natur ist anregungsreich, gibt jedoch auch gleichzeitig genug Zeit, alle Aspekte zu erfassen.

Ein grünes Umfeld stärkt die Konzentration und Aufmerksamkeit von Kindern. Je grüner die Umwelt, desto weniger treten Aufmerksamkeits- und Konzentrationsstörungen bei Kindern auf. Kinder entwickeln in einer grünen Umgebung mehr Kreativität als in einer vegetationsarmen und baumlosen Umgebung. Der Grad der Begrünung von Höfen (Bäume und Gras) wirkt als ein wichtiger Einflussfaktor auf das fantasievolle Spielen von Kindern. »In den Höfen mit Bäumen und Gras waren doppelt so viele Kinder in kreativer Weise tätig wie in vegetationsarmen und baumlosen Höfen« (Flade 2010,

S. 197). Grüne Bereiche tragen also zu besseren Entwicklungsbedingungen von Kindern bei.

Ein erster Schritt ist, Natur stärker in die schulische Umgebung zu integrieren. Pflanzen in Innenräumen und ein grüner Schulhof (mit Bäumen, Sträuchern, Teich, Schulgärten – statt eines asphaltierten Hofs) sind deshalb zentrale Bestandteile einer gesunden Schule.

Anregungen für Arbeitssitzungen

Die Gestaltungsmöglichkeiten des Schulgeländes sind sicher vielfältig. Ein ähnliches Vorgehen wie bei der Gestaltung des Gebäudes kann zur Erarbeitung konkreter Schritte genutzt werden. Die Verbindungen zu Unterrichtsthemen sind bei der Gestaltung von Natur im Schulbereich und zu den Wechselwirkungen mit den Menschen sicher zahllos.

Sie brauchen letztlich wieder »nur« eine Entscheidung, dass Sie dieses Thema für wichtig und zentral halten. Bei der Entwicklung der gesunden Schule können Sie mit der Gestaltung gerade der Freiflächen sichtbare Zeichen setzen.

Folgende Fragen können Ihnen als Anregung zur Vorbereitung Ihrer Arbeitssitzung dienen:

- Wie können Sie sich das Wissen über die heilsamen Wirkungen von Naturerlebnissen auf das Wohlbefinden bei Lehrern und Schülern vertieft erarbeiten?

- Welche Möglichkeiten bietet Ihr Schulgelände, um diese heilsamen Wirkungen umzusetzen? Was ist in Ihrer Schule vorhanden und was wird noch benötigt (Grünbereiche, Schulgarten, Teich, Pflanzen, Sträucher oder Bäume, Möglichkeiten zum Sitzen etc.)?
- Wie erleben Ihre Schüler den Schulhof: als übersichtlich und einsehbar oder als verwinkelt und unheimlich, als weit oder einengend? Welche Gestaltungsmittel sind bislang eingesetzt, um Übersichtlichkeit, Einteilung und Öffnung gleichermaßen zu erreichen?
- Welche Räume bietet Ihr Freigelände, um eine freie Entfaltung kindlicher Kreativität ermöglichen?
- Welche Möglichkeiten gibt es in Ihrem Gebäude und/oder dem Schulgelände, um Orte der Stille zu gestalten?

5.5 Die Umwelten der Schule

Schule als wesentlicher Teil gesellschaftlichen Lebens nimmt Einfluss auf ihre Umwelten und wird wiederum durch ihre Umwelten geprägt (demografisches, politisches, wirtschaftliches, ökologisches, sportliches, kulturelles Umfeld). Wie lassen sich die Wechselwirkungen für die Gestaltung einer gesunden Schule nutzen?

Das materielle Umfeld ist von der Landschaft, der Stadt/dem Dorf, dem Stadtteil, der Bebauung, den Infrastrukturen, den wirtschaftlichen Profilen, den religiösen Profilen etc. geprägt. In diesem äußeren Rahmen spielt »die Musik« der sozialen und kulturellen Dynamiken mit der demografischen Struktur, der ethnischen Vielfalt, der Sozialstruktur, dem Bildungsstand, den kulturellen und sportlichen Angeboten, den Vereinsaktivitäten, den verfügbaren Freizeiteinrichtungen u. v. a. m.

Die entscheidende Frage ist, wie Sie mit diesen Umwelten in Beziehung treten: Die Wirkung der Rahmenbedingungen auf Ihre Schule wird wesentlich von Ihrer Bewertung bestimmt. Außeninformationen werden entsprechend den in einer Organisation vorherrschenden inneren Landkarten und Überzeugungen bewertet. So kann eine Schule die äußerst schwierige wirtschaftliche Lage des Landkreises und ein durch Überalterung und Abwanderung betroffenes Umfeld mit deutlichem Schülerrückgang als unabänderliches Schicksal beklagen oder zum Anlass nehmen, ein neues, gesundes Lehr-Lern-Konzept zu entwickeln, das den neuen Anforderungen gerecht wird und das die Attraktivität der Schule gegenüber den Schulen der Umgebung steigert.

Anregungen zu Arbeitssitzungen
Durchleuchten Sie die oben skizzierten Rahmenbedingungen unter der Perspektive einer gesunden Schule. Das Gesundheitsverhalten Ihrer Schüler und der Familien ist stark von dem Profil und den Veränderungen des unmittelbaren Umfelds Ihrer Schule geprägt. Lassen Sie sich für diese komplexe Aufgabe Zeit. Gehen Sie dabei wie bei früheren Arbeitssitzungen vor.
Ziel ist es, die Chancen, Möglichkeiten und Risiken bezüglich einer Verbesserung des Gesundheitsverhaltens im Rahmen der gesunden Schule auszuloten, um sie in Ihre Planungen einbeziehen zu können.
Erkunden Sie die spezifischen für Ihre Schule bedeutsamen Faktoren und deren Veränderungen über die Zeit.
Erkunden Sie Gesundheitsaktivitäten aller Art im Umfeld Ihrer Schule. Welche Verbindungen dazu bestehen schon, welche lassen sich zusätzlich schaffen?
Nutzen Sie bei Ihren Recherchen das Wissen von Verbänden (Turnerbund, Sportbund, lokalen Vereinen), von Krankenkassen, Wirtschaftsvereinigungen etc.
Nutzen Sie die Kunst der Achtsamkeit z. B. durch Zeiten der Stille in der Arbeitssitzung, um die Chancen des Umfeldes auch zu erspüren – ohne auf der Basis früherer (schlechter) Erfahrungen zu werten.

Wir haben uns für diese Ausschnitte des Umfeldes von Schule entschieden, um Ihnen einige Anregungen zu geben. Viele weitere Aspekte lassen sich jeweils nach den gleichen Bearbeitungsschemata aufbereiten.

5.6 Zusammenfassung

Wenn Sie das Haus der Arbeitsfähigkeit als Muster oder Schablone für Ihre Auseinandersetzung mit einer gesünderen Entwicklung Ihrer Schule nutzen, werden Sie bei der Arbeit auf den einzelnen Stockwerken auf die Wechselwirkungen zwischen den Stockwerken und zwischen der Schule und ihrer Umwelt stoßen. Das drängt sich thematisch auf, und hier ergeben sich oft wichtige zusätzliche Impulse und gegenseitige Verstärkungen bei den Effekten Ihrer Maßnahmen (Synergien). Es lohnt sich, diesem Aspekt gesonderte Aufmerksamkeit zu widmen, damit Ihre Maßnahmen gut abgestimmt und »wie aus einem Guss« erscheinen. So verstärken Sie das Stimmigkeitserleben (Kohärenz), das den bekannten gesundheitsförderlichen Effekt hat (Salutogenese).

Das Haus der Arbeitsfähigkeit ist hilfreich, um sich in Ihrem komplexen und vielfältigen Themenfeld zu orientieren und Schwerpunkte für die Arbeit an einer gesünderen Schule zu setzen.

6 Ausblick

Ein *Spickzettel* wird genutzt, um in schwierigen Situationen rasch Ideen zu bekommen, einen roten Faden wieder aufzunehmen und das ohnehin vorhandene Wissen abzurufen. Wenn man dann Vertiefungen zu einzelnen Themen und »Fächern« braucht, schließt sich eine Erkundungs- und Arbeitsphase an, die neues Wissen erzeugt und die Beziehungen sowie die beteiligten Menschen verändert.

Wir hoffen sehr, dass dieser *Spickzettel* Sie zu vielen Reisen einlädt, die Ihre gelebte Schulpraxis gesünder werden lassen. Es braucht allerdings den Willen und den Mut, sich auf den Weg zu machen. Einige erste Reisestationen haben wir als Anregung beschrieben.

Es war uns ein Anliegen, deutlich zu machen, dass Gesundheit nicht in »Fächern« stattfindet, in denen etwas abgelegt werden kann. Gesundheit ist immer ein Gesamtkunstwerk, das sowohl auf der Verhaltensebene als auch auf der Ebene von Haltungen, Werten und Sinnhaftigkeit er- und gelebt wird. Wir wünschen Ihnen, dass Sie mit Freude und Leichtigkeit, Ernst und Engagement durch diese Landschaften schreiten.

Und bleiben Sie gesund!

Literatur

Altner, N. (2009): Achtsam mit Kindern leben. Wie wir uns die Freude am Lernen erhalten. München (Kösel).

Andersen-Reuster, U. (2013): Achtsamkeit. Das Praxisbuch für mehr Gelassenheit und Mitgefühl. Stuttgart (TRIAS).

Antonovsky, A. (1997): Salutogenese. Zur Entmystifizierung von Gesundheit. Tübingen (dgvt, Forum 36).

Badura, B. u. M. Steinke (2011): Die erschöpfte Arbeitswelt. Gütersloh (Bertelsmann Stiftung).

Bauer, J. et al. (2007): Gesundheitsprophylaxe für Lehrkräfte – Manual für Lehrer-Coachinggruppen nach dem Freiburger Modell. Dresden (Selbstverlag der Technischen Universität). http://www.psychotherapie-prof.bauer.de/coachinggrlehrerfreiburgermodellbaua07.pdf

Bays, J. C. (2012): Achtsam durch den Tag. 53 federleichte Übungen zur Schulung der Achtsamkeit. Oberstorf (Windpferd), 2. Aufl.

Berlyne, D. E. (1971): Aesthetics and psychobiology. New York (Appleton-Century-Crofts).

Braumann, K.-M. (2006): Die Heilkraft der Bewegung. Kreuzlingen/München (Hugendubel).

Bundesministerium für Arbeit und Soziales (Hrsg.) (2013): Psychische Gesundheit im Betrieb. Arbeitsmedizinische Empfehlungen. Berlin (Eigenverlag, www.bmas.de).

DAK-Gesundheit (Hrsg.) (2012): Handbuch Lehrergesundheit – Impulse für die Entwicklung gesunder Schulen. Online. Hamburg (www.handbuch-lehrergesundheit.de), 2. Aufl.

Dennison, P. E. u. G. E. Dennison (2012): Brain Gym -Das Handbuch. Kirchzarten (VAK), 2. Aufl.

Deutsche Gesellschaft für Ernährung (2014): Handlungsempfehlungen der Vernetzungsstellen Kita- und Schulverpflegung in den Bundesländern. http://www.dge-bw.de/images/uploads/handlungsempfehlungenvns.pdf.

Esch, T. u. S. M. Esch (2013): Stressbewältigung mit Hilfe der Mind-Body-Medizin. Berlin (Medizinisch-Wissenschaftlich Verlagsanstalt).

Flade, A. (2008): Architektur: Psychologisch betrachtet. Bern (Huber).

Flade, A. (2010): Natur: Psychologisch betrachtet. Bern (Huber).

Frenzel, K., M. Müller u. H. Sattong (2004): Storytelling. Das Harun-al-Raschid-Prinzip. Berlin (Hanser).

Gifford, R. (2007): Environmental psychology: Principles and practice. Colville (Optimal Books), 4. Aufl.

Guéguen, N. u. S. Meineri (2013): Natur für die Seele. Die Umwelt und ihre Auswirkungen auf die Psyche. Berlin/Heidelberg (Springer).

Hartmann, F. (1993): Chronisch krank oder bedingt gesund? In: C. Hammer u. V. Schubert (Hrsg.): Chronische Erkrankungen und ihre Bewältigung. Starnberg (Schulz).

Heseker, H. u. S. Beer (2004): Ernährung und ernährungsbezogener Unterricht in der Schule. *Bundesgesundheitsblatt – Gesundheitsforschung – Gesundheitsschutz* 47: 240–245.

Hundeloh, H. (2012): Gesundheitsmanagement an Schulen. Prävention und Gesundheitsförderung als Aufgaben der Schulleitung. Weinheim/Basel (Beltz).

Ilmarinen, J. u. J. Tempel (2002): Arbeitsfähigkeit 2010 – Was können wir tun, damit Sie gesund bleiben? Hamburg (VSA).

Kabat-Zinn, J. u. U. Kesper-Grossmann (1999): Stressbewältigung durch die Praxis der Achtsamkeit. Freiamt (Arbor).

Kabat-Zinn, J. (2005/2006): Zur Besinnung kommen. Freiamt (Arbor).

Kaplan, R.; Kaplan, S. (1989): The experience of nature. A psychological perspective. Cambridge (University Press).

Kaplan, S. (1995): The restorative benefits of nature. Toward an integrative framework. *Journal of Environmental Psychology* 15: 169–182.

Katie, B. (2002): Lieben, was ist. Wie vier Fragen Ihr Leben verändern können. München (Arkana).

Kohtes, P. (2012): Das Buch vom NICHTS. München (Gräfe und Unzer).

Lauterbach, M. u. S. Hilbig (2006): So bleibe ich gesund. Was Sie für Ihre Gesundheit, Lebensenergie und Lebensbalance tun können. Heidelberg (Carl-Auer).

Lauterbach, M. (2008): Einführung in das systemische Gesundheitscoaching. Heidelberg (Carl-Auer).

Lauterbach, M. u. H. Hoppe (2011): Die tiefen Dimensionen der Krisen im beruflichen Leben aus der Perspektive von Gesundheitscoaching. In: C. Schmidt-Lellek u. F. Buer (Hrsg.): Life-Coaching in der Praxis. Göttingen (Vandenhoeck & Rupprecht).

Mandac, I. M. (2014): Lehrer-Eltern-Konflikte systemisch lösen. Spickzettel für Lehrer 3. Heidelberg (Carl-Auer).

McEwen, B. S. a. E. N. Lasley (2003): The end of stress as we know it. Washington D. C. (National Academies Press).

Müller, C. u. R. Petzold (2006): Bewegte Schule. Aspekte einer Didaktik der Bewegungserziehung in den Klassen 5 bis 10/12. Sankt Augustin (Academia).

Paulus, P. (2008): Referenzrahmen schulischer Gesundheitsförderung. Handreichungen mit Indikatorenliste und Toolbox. Köln (BZgA.eu, pdf).

Petzold, T. D. (2010): Praxisbuch Salutogenese. München (Südwest).

Salzberg, S. (2006): Metta-Meditation. Budhhas revolutionärer Weg zum Glück. Freiamt (Arbor), 2. Aufl.

Siegrist, J. (1996): Soziale Krise und Gesundheit. Göttingen (Hogrefe).

Stierlin, H. (2007): Gerechtigkeit in nahen Beziehungen. Heidelberg (Carl-Auer).

Spitzer, M. (2007): Lernen. Gehirnforschung und die Schule des Lebens. Berlin/Heidelberg (Spektrum, Springer).

Tempel, J. u. J. Ilmarinen (2013): Arbeitsleben 2015 – Das Haus der Arbeitsfähigkeit im Unternehmen bauen. Hamburg (VSA).

Verein Anschub.de, Unfallkasse Nordrhein-Westfalen (Hrsg.) (2010): Schule – Gebäude – Freiflächen – Gesundheit. Oelde (Druckerei Scholz).

Voll, S. u. S. Buuck (o. J.): Steigerung der geistigen Leistungsfähigkeit durch Bewegung. Internetbezug: *opus4.kobv.de/opus4-bamberg.*

Über die Autoren

© Heiko Preller

Dr. Matthias Lauterbach ist Facharzt für Psychiatrie und Psychotherapeutische Medizin und als Coach in unterschiedlichen Branchen tätig. Mitinitiator des 1999 gegründeten Kompetenznetzwerks Gesundheitscoaching.

Kontakt: dr-lauterbach-coaching.de

Christian Dressel, Lehramtsstudium für Sekundarstufe II/I; Natursport- und Erlebnispädagoge, Entspannungspädagoge, Klettertrainer, Gesundheitscoach, Systemischer Berater; Lehrer am Hannah-Arendt-Gymnasium, Barsinghausen.

Kontakt: christian.dressel@arcor.de

Notizen